Kurt Scharf

Geflecht

Bibliografische Information der Deutschen Nationalbibliothek:
Die Deutsche Nationalbibliothek verzeichnet diese Publikation in der Deutschen Nationalbibliografie; detaillierte bibliografische Daten sind im Internet über www.dnb.de abrufbar.

© 2017 Kurt Scharf

Herstellung und Verlag: BoD – Books on Demand, Norderstedt

ISBN 978-3743-14964-9

Geflecht

Kahnfahrt

Die Sonne ist noch rot,
das Wasser scheint zu brennen.
Das Licht vertreibt den Tod,
es will nur Leben kennen.

Im Gleichmaß tauchen Riemen,
sie saugen gurgelnd ein
den See mit Ruderkiemen.
Ich bin im Boot allein.

Doch wäre Selbstbetrug,
wenn ich nun sagen würde:
Mein Leben ist genug
und einzig meine Bürde.

Im See, sehr tief, am Grunde,
treibt auch Getier umher.
Und blick ich die Runde,
dann bildet sich ein Speer

heraus, ein Sonnenpfeil:
Die Wandergänse weisen
den Weg empor zum Heil,
wenn mit dem Licht sie reisen.

Und auf des Sees Mitte,
am Rand, am Ufersaum,
wird offenbar der dritte
Überlebensraum:

Ein Schwanenpaar zieht Schleifen
und sendet Glück zu mir.
Ich kann hier gut begreifen
die Welt und das Revier.

Die Sonne ist noch rot,
das Wasser scheint zu brennen.
Das Licht vertreibt den Tod,
es will nur Leben kennen.

Lebenslauf

Verregneter Morgen.
Aufheiterungen sind aber angesagt.
Um die Mittagszeit plötzliche Schläfrigkeit.
Keine Pläne mehr.
Unverhoffte Begegnung am Nachmittag.
Es nieselt wieder.
Gespräche, die nicht aufgeschoben werden können.
Entdeckungen am frühen Abend.
Letztes Licht über den Bäumen.
Nacht.
Kein Erwachen.

Die Frau gegenüber

Langsam schweben ihre Worte,
leichte Netze, durch den Raum,
binden Trauer hier am Orte,
sind vergessen bald, ein Traum.

Zögernd setzt sie Nebelzeichen,
sagt von aller Last sich los.
Wenn die Nebel wieder weichen,
bleibt die Sonne nur, sehr groß.

Spuk

Es gehen Legenden um
von grausamen Taten,
von Räubern und Piraten.
Man lauscht gespannt, ist stumm.

Geschichte Nummer Acht...
Zwölf dumpfe Schläge hallen
über dem Wind und verfallen.
Es ist Mitternacht.

Um Mitternacht
ist, erstaunlich schnell,
die Farbe dunkel, dann wieder hell,
es donnert und kracht.

Als ob sich Welten stürzen
in ein riesiges Gefecht,
auszurotten das Geschlecht,
die Qual, die Freude zu verkürzen.

Um Mitternacht,
wenn der Tag anbricht,
versammelt sich ein Hohes Gericht,
das klagt an und lacht,

lacht unheimlich kalt,
verlacht das, was da sitzt
und das, was immerzu Papier nur ritzt.
Das Lachen ist Gewalt!

In meine Stube tritt
ein das himmlische Gelichter,
tausendfach verzerrte Gesichter,
mit höllischem Schritt.

Lächelnd stehen sie hinter meinem Rücken,
neigen sich tonlos vor,
wie Schatten von welkem Trauerflor,
sie bedecken alle Lücken.

Und sie schreien beim Lesen,
durch des Raumes säuselnden Wind,
entsetzt: „Bannsprüche sind...
Herr, hilf, sonst sind wir gewesen!"

Ein neues Rumoren und Toben beginnt.
Ich hör nur noch ein ängstliches Gelächter.
Mir scheint, das waren jene Geschlechter,
die schon verloren – und doch – – – sind.

Was Kirchendogmen anbelangt,
hab ich vieles einzuwenden,
und komme trotzdem nicht umhin,
als bedeutend zu benennen:

Dass im Mittelpunkt des Alls
der Mensch, entsprechend dieser Lehre,
allein sich zu befinden hat,
der aber, dort heraus getrieben

(dank Heliozentrismus),
verliert die Achtung vor der Erde,
ist nurmehr noch bestrebt,
ihr Demut aufzuzwingen.

Was ihn letztlich dazu bringt,
das Leben zu vernichten.
(Globaler Masochismus,
bedauerliche Schlusspassage

des modernen Atheismus.)
Wenn wer denkt, ich mache Witze,
kann der glauben was er will –
ich schimpf ihn einen Optimisten.

Trampelpfad

Sind aber lichte Momente, vorerst
unbegriffne, die mich aufsuchen:
Schritt für Schritt hinein
gedrängt auf Wiesenwege,
Spuren aller Menschen.

Die gingen doch stets
im selben Raum, auch wenn
sie standen oder tanzten, die liefen
in gleicher Richtung los, bis
übertüncht der Pfad
von Alleinseins Summe.

Ich glaub das schon: niemals
gab es einen Ersten, der gottähnlich
unbekümmert ihn beschritt,
im Kopf den Plan
der spätren Wege.

Möglich auch: der hatte
einfach Angst, lief über
Land gehetzt. Heute
lieben wir den Trampelpfad,
er gibt uns
Sicherheit.

Religionsunterricht

Der Junge hat gehört:
„Gott ist groß.
Und doch
ruht er in dir!"

Der Junge hat geträumt:
Ein Läufer hetzt
lange durch das All –
bekommt er Durst
bei seiner Jagd,
greift er sich Planeten,
schlürft Ozeane leer!

Der Junge hat gedacht:
Wenn ich mal wieder
von ihm träume,
dann lass ich Gott,
er hat's verdient,
für alle Zeiten
ruhn.

Logisch

Sobald
der Mensch sich seiner Unzulänglichkeit
bewusst wird, fleht er
zu Gott, als dem
übergeordneten Menschen.

Nur
der Drang nach Vollkommenheit
hält den Götterglauben
aufrecht und
am Leben.

Also:
Nur der Glaube an die Unzulänglichkeit
des Menschen
erweckt den Glauben
an Gott.

Abstand

In Gottes Angesicht
verblasst, reicht er
zu dicht
heran,
der Mensch.

Kassandra

Von einem Gott
verdammt zu schauen
und zu sehen was geschieht.
Sie beklagt
was kommen wird
und schwiege lieber
statt sie spricht
sie stürbe eher
statt sie lebt
verlassen
bis sie stirbt.

Sterbend leben

Wir sind keine Herren, Diener nur
unserer selbst. Uns wählt man nicht. Wir
wählen unser Herz zum Herrscher
über uns, machen es zum Knecht.
Regiert ein einziger Gedanke! Es glänzt
kein Glorienschein. Gedanken schmutzig,
die Worte rein. Wir geben Tod und schenken
Leben. Wir geben. Wir haben nur
das eine Ziel: Geben und warten nicht,
bis man uns wiedergibt. Keine Zeit
wird uns gelassen. Wir lassen uns
keine Zeit! Eh sich wird besonnen,
hat ein neues Geben, kalt und ausgelassen,
schon begonnen. Endet als ein Spiel!
Ein immer größres Geben
ist unser ganzes Streben. Doch
wir nehmen...

Geschmückt mit Wasserpflanzen
(gebettet in strähniges Haar),
sind eine Gefahr,
sanft und gefährlich
wie das Leben,
die Lebenden,
Nachfahren der klugen, dummen Toten.

Postskriptum

Du suchst auf deinen Wegen
jemand der dich liebt du wirst
vergeblich warten von Gott
den du nicht findest wirst du
bedenkenlos geliebt du musst
nicht länger suchen was uns
am Leben lässt ist selbst
zu lieben Gott findet sich

Zärtlicher Weg

Die Physiker eigentlich sind Gott
am nächsten, da sie beständig
untersuchen Inkarnationen
göttlichen Sächlichseins.
Gottes dunkle Augen nennen sie
black holes,
die Blutkörperchen
Mesonen. Zärtlich geben sie
den Ringstrukturen der Apparate,
die Kilometer weit sich dehnen,
Frauennamen (die sie als Kürzel
tarnen der Befindlichkeiten
ihres Weges,
der sie führt
zu Gott).

Martins Mantel

Wir sind doch alle
Herzgenossen,
Martins Mantel
schlagen wir,
gegen den Wind,
um uns;
was vergießen
wir an Tränen,
aber bleibt
umsonst?

Federndes All

Eines Tages
wird die Welt
verschwinden,
wird nichts sein,
wie wir es kennen,
Nichts
wird sein.

Dann wird das Nichts verschwinden,
und später wieder
Welt wohl sein,
wie wir sie kennen.

Barbaratag

Vergeblich
wirst du
neue Zweige
(Hoffnung,
vasenversenkt)
suchen
hier im Zimmer.
Doch wenn
du sehen kannst,
wirst du
vielleicht,
was uns
blühen wird,
finden heut
und immer.

Andreastag

Im Sold der Träume auch,
die uns am Tage sanft
begleiten, stehe ich.
Und immer den Kontrakt
dafür verlängre ich.
Dass auch im nächsten Jahr,
was unzumutbar scheint,
uns leichter noch berührt
und stärker wieder macht
für unsern Dienst erneut.

Toccata und Fuge d-moll (BWV 565)

Kommt her! So kommt! Kommt her zu mir!
Ich will euch zeigen: Menschengröße.
In jeden Laut ist sie gebannt.
Kommt her! So kommt! Kommt her zu mir!

Bewegt euch! Schwingt! Trinkt herbes Lied!
Im Wechsel findet ihr die Süße.
Den Wald. Den Fluss. Das Tor. Die Wand.
Bewegt euch! Schwingt! Trinkt herbes Lied!

Oh bleibt! Verweilt! Und zieht dahin!
Versteckt euch nie vor eigner Größe.
Begreift. Und setzt Gefühl in Brand.
Oh bleibt! Verweilt! Und zieht dahin!

Februar

Im Walde ist es eisig,
der Wind weht kühl aus Ost,
im Baume sitzt ein Zeisig
und singt sein Lied dem Frost.

Die Wege sind verwoben
in helles Schneegeflecht,
der Nebel ist enthoben,
das Weiß behält noch recht.

Die Wiesen aber träumen
die Wärme schon herbei,
wenn hier die Blumen säumen
als buntes Vielerlei.

Ungesungen

Sorgennebelstundenleise
flieht
straßenschwergewölbt
regengrau
ein Lied
richtungslos
im Raum.

Wir

Wir verbuchen,
was wir suchen.
Und wir finden
und verschwinden.

Magisches Auge

Wo wäre das fernere Ich
aus voriger Zeit?
In Radiowellen
versunken.

Nach Schulschluss lauerte hungrig das Radio. Der Deutsche Freiheitssender 904 berichtete vom Nato-Manöver „Graue Gans". Anschließend sprach, zum Mitschreiben langsam, eine männliche Stimme die Kernsätze einer Max-Reimann-Rede. Außerdem waren dort täglich, an unbekannte Leute gerichtet, verschlüsselte Botschaften (so genannte „Eidechsen") zu hören, zum Beispiel: „Hallo! Wir rufen Heugabel! Der Weihnachtsmann geht am Schwarzen Meer Kamele füttern." Abends, nach dem halbstündigen deutschsprachigen Programm von Radio Bukarest (ich entwarf einen Brief dorthin) folgte das halbstündige deutschsprachige Programm von Radio Prag (es ging um Lidice). Danach folgten der Sender „Frieden und Fortschritt" (in Moskau stationiert) und Radio Tirana (mit dem täglichen Mao-Zitat). Der Deutsche Soldatensender schloss, in zeitlicher Nichtüberlappung, sich wieder dem Freiheitssender an, allerdings mit jüngeren Sprechern, auch war die Musik besser, witziger die Kommentare. Zahlenkolonnen wurden, einige Mega-Hertz weiter, von einer Frau verlesen. Obwohl nicht für mich bestimmt, schrieb ich alle auf, und füllte, im Laufe der Wochen, ganze Hefte damit. Die Dame sprach deutsch. Zuletzt, bevor ich dann schlief, sangen die Stones: „I can't get no satisfaction, no satisfaction, no..."

Trennung

Wenn Mißerfolg dich jagt
und du keine Hilfe siehst,
du verzweifeln möchtest
und dein Gesicht ist traurig,
dann denk an mich,
sieh im Spiegel mein Gesicht,
sieh – mein Lächeln.
Dann lächelst auch du.

Wenn du dich einsam fühlst
und bist allein,
wenn dir mein Wort fehlt,
das dich ermuntert sonst,
denk an mich
und an die Brücke zur Liebe,
von der Trennung uns gebaut.

Wenn du herbeisehnst
den einen Menschen,
wenn du herbeirufst mich
und denkst an mich:
ich komm zu dir –
ich bin unterwegs!
Mein Gedicht eilt mir voraus
und ist schon da.

Was einem nach einem Monat ABM einfallen kann

Der Juli schlägt zwar keine Feiertage
dem braven Bürger um die blassen Ohren
(was ohnehin ich nicht so sehr beklage,
weil manches Wochenende ich verloren
in wildem Wechsel an die Arbeitslage).

Statt rumzutreiben mich auf Lyrik-Foren,
versitz ich still die langen Kassenstunden;
die Zeit ist weg, doch ist sie auserkoren,
der Blume gleich, im Trocknen hingeschwunden,
wenn Wasser kommt zu werden neugeboren.

Es lässt sich alles auf- und abwärtsrunden,
die Räder rollen auf asphaltnen Wegen
und sind auf Dauer ihrem Ziel verbunden,
der Regenmund spricht zu mir sanften Segen,
die Sonne hat mich immer noch gefunden.

Später mal

Vorausgesetzt,
es gäbe
keine Vögel –
dann wären
fliegende Fische
die Könige der Luft.

Vorausgesetzt,
es gäbe
überm Wasser keine Luft –
dann wären
fliegende Fische
nur Selbstmordaspiranten.

Vorausgesetzt,
es gäbe
Leben.

Kleinigkeiten

Es sind die ewigen Kleinigkeiten,
die unser Leben ausmachen. Sie
gaben der Welt
den Inhalt. Sie sind
dem Menschen nicht sichtbar.
Kein Mikroskop kann sie vergrößern.
Der Mensch aber brauchte
sie, um das Wunder
zu erreichen.
Aus dem Kleinen ist das Große entstanden.
Tote Urform, Leben bergend, wurde
zur Persönlichkeit des Menschen, der vermag,
Kleinigkeiten
in die Potenz zu erheben.

Neue Verse zum alten Tanz

*(Durch Evas Lust und Satans List
Der Tod in diese Welt kommen ist.)*

Der Satan, selbst noch jung an Himmelsjahren,
ist rot behaart der Eva einst erschienen,
reichte Früchte her.
Das Paradies war leer.
Der Tod kam in die Welt gefahren,
obschon beim Klang von süßen Violinen.

*(Mit Pauk' und Trompetenschall
Der Tod sich anmeldt überall.)*

Ja seht, es stehen vorm Basteientore
Gerippe, sind gar lustig anzuschauen.
Lungen haben sie nicht,
jedoch ist's ihre Pflicht
zu melden, hell geschmettert und im Chore:
Wir kommen gleich, auf uns ist gut zu bauen!

*(Der Kaiser und das Roemisch Reich
Und wer mehr drin, muß sterben gleich.)*

Den Becher hier ein letztes Mal zu füllen,
so sollen euch die Krebse besser munden.
Kaiser, halt ihn fest!
Des Weines herben Rest
mag deine Frau dann trinken. Ganz im Stillen:
am Leben bleibt ihr noch zwei halbe Stunden.

*(Dem Koenig nit hilft seine Gwalt,
Er muß mit dran gleicher Gestalt.)*

Gekrönt, und auch verwöhnt von allen Seiten,
bequem im Samt und herrlichem Gebare:
Königs schönster Tag.
Den nächsten Stundenschlag
wird er nicht mehr erleben. Vorbereiten?
Na gut, der Tod kämmt ihm noch schnell die Haare.

(Dem Fuersten auch nicht wuerd gelingen
Wenn er wider den Tod wollt ringen.)

Die Schnecken fliehen, ihnen ist beschieden
vom Tod verschont zu sein, und auch in Zeiten
fern von dieser Welt
zu künden, dass kein Geld
und Kurzschwert reicht, zu finden guten Frieden.
Der Abend sinkt, das Leben wird entgleiten.

(Kein Weibsbild ist so hoch geboren,
Es muß mit dran, taets ihr gleich zorn'n.)

Der Tod umtanzt, getarnt als alte Vettel,
die ahnungslosen Weiber, deren Leiber
reich und schwer umhüllt
recht bald ins Grab geknüllt.
Ach, werft hinfort den schnöden Bettel,
ihr seid Gerippe nur, sagt euch der Schreiber.

*(Kein Herr und Ritterlicher Mann
dem Tod was angewinnen kann.)*

Das Stundenglas stürzt um, die Leiber fallen.
Die Lanzen, spitz wie jene Kirchentürme,
bohren sich durch Blech.
Der Tod hat selten Pech,
besiegt zu werden. Schreie im Verhallen.
Die Trommel lockt herbei schon das Gewürme.

*(Der Adel sich nur straeube nicht,
Der Tod ihm doch das Herz absticht.)*

Das Hündchen kläfft, ihm kann der Tod nichts wollen.
Und auch der Zwerg, als Hofnarr, bleibt am Leben.
Neue Herren sind,
für die er Märchen spinnt
und schöpft, dabei gewesen, aus dem Vollen
und wird die Wahrheit zerrgespiegelt weben.

(Der Diener Gottes an dem Wort,
Wann's Glas ist aus, muß auch mit fort.)

Er hat die Predigt zur Hälfte erst gehalten,
und läse lieber doch die ganze Bibel
allen Sündern vor!
Der Tod indes beschwor:
Du wirst das Buch nur kurze Weile halten
und gehst, zu meinem Wohl und deinem Übel.

(Der Rath, Richter, Jurist geschwind,
Ohne Appellieren zum Tanz sich find.)

Du kommst gleich dran, o edler Oberrichter,
ich zeige dir den handlich guten Spaten.
Plaudre nicht, du musst
Adieu der Erdenlust
nun sagen. Brennen werden bald die Lichter,
auf deinem Sarg mit Bildern und Zieraten.

(Den Tod der Arzt oft will vertreiben,
Und muß ihm selbst in Händen bleiben.)

Am Bein des Alten spitzt schon blanker Knochen.
Dem Greise ist der Tod ein sanfter Bruder,
nimmt ihn bald hinweg.
Es hat gar keinen Zweck,
beim Arzt auf Heilung hoffend anzupochen –
es sind selbst dort Gerippe nur am Ruder.

(Der Weisen Kunst, des Narren Spiel,
Nichts hilft es, es gilt dem Tod gleich viel.)

Schlag Zwölf! Das Winkelmaß fällt plötzlich nieder
vom Tisch, und noch bevor's erreicht den Boden,
stirbt der kluge Mann.
Und auch der Narr hat dann
zum Grübeln über neue freche Lieder
nur wenig Zeit, der Tod wird ihn gleich roden.

(Den Buerger kein Handel noch Werk
Vom Tode retten kann, das merk.)

Der Himmel flammt, und grelle Blitze zucken.
Wer nun von Hab und Gut sich nimmer trennte,
zählt noch Stück für Stück,
den hält der Tod zurück.
Er lässt sich nicht in seine Suppe spucken,
der Knochenmann geht leider nie in Rente.

(Die Bauern und geringen Leut
Nimmt auch der Tod hinweg zur Beut.)

Der Tod, er hilft, treibt schnell voran die Pferde,
dass etwas noch dem armen Bauern bleibe:
Zeit, zu schirren aus
vor seinem kleinen Haus.
Dann winkt ihm, die er kennt und braucht, die Erde
so kühl. Er liegt im Schatten einer Eibe.

*(Auch sterben muß der reiche Mann,
Mit Geld ers nicht abkaufen kann.)*

Wie waren ihm die goldnen Ketten lieber.
Ja, weitaus mehr als Sonnenlichtes Wonne
schätzte er das Geld!
Am hellen Tage fällt
ein Schatten, schüttelt ihn das Wechselfieber.
Er stirbt, verdirbt. Noch immer scheint die Sonne.

*(Dem Tod der arme Lazarus
Ohn' Mitleid herhalten muß.)*

Dem Blinden scheint ein guter Geist gewogen,
vor seinem innren Auge tanzen Lichter,
schimmert Mondenglanz.
O armer Bettelhans!
Vom bleichen Tode wirst du fortgezogen,
der kippt die Krüppel in den dunklen Trichter.

***(Auch wuergt der Tod die Kindlein klein,
Nicht achtend, daß die Mutter weint.)***

Der Tod kam grade durch die morsche Decke,
und führt den Kleinen, dessen heiße Suppe
auf dem Herde steht,
von dannen. Draußen geht
ein andrer Knochenmann, eifrig zu dem Zwecke:
die Kinder haschend, eine ganze Gruppe.

***(Juengling, Jungfrau, Mann und Weib
Seh'n, daß auch sie der Tod aufreibt.)***

Das helle Rot ist Todes Lieblingsfarbe,
um einen Hauch entfernt von schönster Liebe
Lebenslustgeschrei,
dem roten Allerlei.
Und fügt sich später Narb' an andre Narbe,
wärs doch die Farbe Rot, die übrig bliebe.

(Die Alten, die ohn' das Schaff ab
Der Tod fein sacht auch fuehrt zum Grab.)

Sie gingen ja in gleicher Richtung immer,
als Brautpaar jung, und auch in spätern Jahren.
Heute allerdings,
da geht's nach rechts und links.
Das Waschbrett, wahrlich, braucht die Alte nimmer.
Ihr Mann, der kann fortan den Stock sich sparen.

(Den Saeufern, Spielern, Laesterern,
Pflegt solches End' der Tod bescher'n.)

Die Würfel rollen, Münzen lustig klimpern,
und munter greift die Hand zum süßen Weine.
Da, im Abendrot,
erscheint der stille Tod.
Und ew'ger Schlaf legt sich auf Spielers Wimpern.
Doch Tod und Teufel tanzen im Vereine.

*(Das Antichristlich Otteregezuecht
Entlaufen mag dem Tod auch nicht.)*

In Thrones Nähe lässt sich's leichter sterben.
Wer flieht, den packt der Tod bei der Parade,
hält ihn hart im Schritt.
Da muss er eben mit,
wenn alle hier am Hohen Hof verderben.
Kein Türke hilft, kein Krummstab biegt es grade.

*(Nur ein Leinwand und solches Haus
Bringt man endlich zur Welt hinaus.)*

Die Kerzen werden hier sehr lange brennen.
Wenn Mauern, grau in grau, längst hingesunken,
Knochen Rieselstaub
geworden, dann o glaub,
sind diese Dochte noch nicht kurz zu nennen.
Die Ewigkeit, o merk, ist lichtbetrunken.

(Den Menschen gleich wie gruenes Gras
Abmaehet gewiß der Totenfraß.)

Ihr seid wohl jung und habt auch starke Knochen.
Das Blut, es kreist so dreist in euren Adern.
Aber hört und wisst:
der Bogen lange ist
auf euch schon angelegt. In wenig Wochen
seid ihr verwelkt und sollt darum nicht hadern.

(Im letzten Gericht Gottes Sohn
Drauf jedem geben wird sein'n Lohn.)

Es gilt, ein letztes Feuer zu entfachen.
Daraus entsteigen körperhafte Schemen,
schweben zum Gericht.
Und Gott zu ihnen spricht.
Den einen öffnet sich der Hölle Rachen,
die andern werden Platz im Himmel nehmen.

[18. - 20. Juni 2008; auf einer Wiese bei Wolgast geschrieben]

Anmerkung:

Insgesamt soll der Wolgaster „Totentanz" aus 25 Tafeln bestanden haben. Diese befanden sich zuerst in der Gertrudenkapelle, wurden dann wegen Renovierungsarbeiten 1868 in die Sankt Jürgen-Kapelle verlagert, um dann schlussendlich in die Petri Kirche gebracht zu werden.
Dort können sie (die Bilder sind inzwischen restauriert) besichtigt werden.
Die **originale Reihenfolge** der Tafeln ist in den vorangestellten Texten eingehalten worden; sie bezieht sich auf einen Zeitungsartikel aus dem Jahr 1820 des Dietrich Hermann Biederstedt (1762 bis 1823; bis zu seinem Tode Archidiakon an der Nikolaikirche in Greifswald).
Beim großen Wolgaster Kirchenbrand 1920 wurden alle Tafeln gerettet, bis auf die vorletzte („Ursprung des Lebens" betitelt), „die in fremde Hände geriet".
Über den Autor der den Bildern zugeordneten **Zweizeiler** *(die um 1700 entstanden sein sollen) herrscht Ungewissheit.*
War es (dem die Tafeln zugeschrieben wurden) der Maler Caspar Sigmund Köppe selbst, war es Dietrich Bentschneider, der ebenfalls als Maler in Wolgast gewirkt hatte; haben die beiden traulich zusammengearbeitet?
Müssen die Bilder rückdatiert werden – etwa in das Jahr 1670?

Zu den Gedichten der Sibylla Schwarz (1621 - 1638)

In jener Zeit des Krieges, da säumten auf dem Felde
der Sehnsucht grüne Pflanzen, die Blüten auch der Liebe,
und junge Dichter waren gestellt ins Lichtgemelde.
Aus Schattentiefen bargen sie reine Hoffnungstriebe

in ihre Versgebilde, und wollten hier erneuen
die Sprache dieses Landes, geborgen in die Hände
der zeitenlosen Dauer, die Zukunft nicht zu scheuen:
Der Frieden käme wieder, und eine Weltenwende.

Kleine Ermunterung

Zeitschiff quergerudert
in die Binsen
hingetauchten
tauben Lichts.
Alma Marter Arbeitsamt.
Vor den Windplakaten
grundvergessen
lahmgelogen schleift
stiller Staub,
treibt Untermut
den Klippen zu,
schmilzt erst
am Tag danach.

Die weiße Gefahr

Nachdem
die rundäugigen Invasoren
China
überrollt hatten,
ordneten sie als erstes an,
Essstäbchen
jeweils dutzendweis
zu bündeln
und Holzlöffel
draus zu pressen.

Dann aber
verboten sie
den Reis.

Handauflegen

Ich geb
in eure Hände
dies und das
Gedicht,
kann euch
mit Worten
heilen,
mich selber
nicht.

Müde

Dichters täglich Brot:
Wortgesülze, Reimgeschleime;
dumpfgebackne Zeilenkeime
sind im Angebot.

Dichters Echolot:
abgestrahlte Bitternisse;
noch bei jedem Seelen-Risse
blutets dunkelrot.

Dichters größte Not:
selbstvergessnes Überleben;
diesen Umstand aufzuheben,
lauert schon der Tod.

Anklang

Nordgeborgen:
hart verwunschnes
Tannenland.

Sanftgeschwungen:
Silhouette
nadeliger Bäume.

Eingefallen:
Häher
in den Wald.

Lürisch

frühjahrsrüde stürmt
gewürm
verkrümmt und
küstenmüd in
blüten
süchtig rühmen
kühler fühlend
künstlerrüpel
dümmres grübeln
überglücklich
stürzen zünftig
sündenhügels
türme
trüber künftig
spürbar zündet
grün

Hingesprochen

Er pflegte, sehr undeutlich zu schreiben.
Doch sah man ihm dies nach und wertete den Umstand, dass er nur handschriftlich Verfertigtes ablieferte, als besondere Eigenart.
Nachdem die Manuskripte gelesen, gesetzt und gedruckt waren, geriet man ob ihrer jedesmaligen interessanten Andersartigkeit ins Schwärmen.
Er pflegte aber aus gutem Grund, sehr undeutlich zu schreiben – es war immer dasselbe Manuskript, das er anbot.

Zwei Stunden, nachdem der bedeutende Mann (im bedeutenden Wagen) vorbeigekommen war, stellte sich ein unbedeutender Mann dort an den Straßenrand und jubelte – so, als führe der bedeutende Mann gerade vorbei (der Unbedeutende hatte woanders zu tun gehabt, wollte sich aber nichts nachsagen lassen): er schwenkte die Arme, fuchtelte mit einem Fähnchen, trampelte mit den Füßen.
Da nahm man ihn fest.
Sein späterer Hinweis darauf, dass die anderen, die vor Stunden hier gestanden, sich gewiss ebenso benommen hätten, um dem bedeutenden Mann Ehre zu erweisen, brachte ihm nichts ein – von einer bedeutenden Erhöhung seines Strafmaßes einmal abgesehen.

Besser, noch grün hinter den Ohren zu sein, als schon Grünspan angesetzt zu haben.

„Morgen ist auch noch ein Tag!" sagte die Eintagsfliege.

Ein an Schlaflosigkeit Leidender versuchte mir klarzumachen, die Träume, die gegen Ende des Schlafes auf uns eindringen, seien prophetischen Charakters – dort werde verkündet, mit wem die einem angetraute Frau zur Zeit zufällig mal nicht fremdgeht, welche Lottozahlen in der nächsten Woche garantiert nicht gezogen werden, welches (deutlich skandierte) Gedicht den betreffenden Träumer weiterhin nicht berühmt werden lässt, und welche Vorbereitungen zu treffen sind, um eines nichtnatürlichen Todes zu sterben.

Er konnte fallen, wie und wann er wollte – stets erwischte es ihn am Hinterkopf.
Ein Gesicht hatte er nie besessen.

Vom Dekorierten zum Degradierten ist es nur ein Schritt.

Der große Bekannte des Aphorismus: Herr Mancher.
Dem kann man alles in die Schuhe schieben, der lässt sich alles gefallen...
Mancher – beweist die regste Anteilnahme, sobald es nur um ihn geht.
Mancher – legt sich ins Zeug, um andre aufs Kreuz zu legen.
Mancher – sieht auf alle herab, die auf ihn herabsehen.
Mancher – lernt nicht mal aus den Fehlern, die von anderen gemacht wurden.
Wirklich ein Lümmel, dieser Herr Mancher!
Und noch niemandem ist eingefallen, zu sagen: Mancher ist ein guter Kerl.
(Gut, dass es ihn gibt. Müsste man doch sonst allzu oft von sich selbst schreiben.)

Nicht selten fühlt sich der, dem man den Kopf gewaschen hat, auch auf die Zehen getreten.

Wer sich von einer fixen Idee hat einwickeln lassen, dem wird es im wirklichen Leben nicht gelingen, die Flügel zu entfalten.

.

Wahrlich, die Erde ist weiblich – je älter sie wird, desto mehr kommt sie in die Neuzeit.

Kinder sehen die Welt als ein buntes Bild.
Den Erwachsenen ist oft nur der Rahmen geblieben.

Die Natur hat es so eingerichtet, dass dem launischen April stets der sonnige Mai folgt.
Der Mensch aber hat die Ehe erfunden.
Dort ist es umgekehrt. (So manche Frau wird nach den Flitterwochen ihrem Mann ein Zitterrochen.)

Es lebt sich leicht, wenn man von den eigenen Schwächen nichts weiß.
Aber mit den Schwächen der anderen lebt sichs noch leichter.

Versteckte Hoffnung:
Noch ist es keinem gelungen, sich den Tod zu nehmen.

Wer das Hirn eines Menschen erreichen will, muss dessen Herz erreicht haben.

Nachlassender Eifer:
Zuerst das Maul vollgenommen, dann die Schnauze vollgehabt.

Lieber sich zehnmal das Maul verbrennen, als es sich einmal zunähen lassen.

Wir glauben an die Zukunft der Welt.
Auch wenn wir dran glauben werden.

Was in Freizeit soll geschehen,
muss im Alltag erst bestehen;
Lied, das laut man singen will,
hört man anfangs für sich still.

Wem sogar im Schwimmbad Aphorismen einfallen, der sollte wasserfestes Schreibzeug mit sich führen.

Blitze

Regenschleier sinken
auf die Erde zu.
Fluss und See, sie trinken
Wasser dann im Nu.

Blitze hellen Gassen
ungehindert auf.
Plätze sind verlassen.
Mensch im schnellen Lauf

queret rasch noch Wege,
vor im Haus er sitzt.
Froh und furchtbar träge.
Während's draußen blitzt.

Gedichte!

Begründet, beschreibt und erklärt!
Ja, euch nur, aufgrund eurem Lichte,
ist zu glauben.
So streng und so schön,
dass, wer hinblickt, Gesichte
erkennt.

Gedichte!
Verwerft und verwahrt!
Wer euch ansieht,
soll staunen ob der Güte,
die abstrahlt.

Gedichte!
Leuchtet kurz nur
und weit.

Löst die Asche

Ich habe den Vulkan erblickt,
als ich in eure Herzen sah.
Von Asche fast erstickt,
war er dennoch, dennoch da.

Wie kommt, dass ihr nicht wisst
(und denkt, ihr seid schon kalt),
dass der Vulkan vorhanden ist
mit verhaltener Gewalt?

So seht doch endlich hin!
Eure Augen sind: die Welt.
Bestattet den Gewinn,
dass er von euch fällt.

So löst die Asche dann,
legt eure Herzen frei.
Seid Frau und Mann.
Bei jedem Schrei.

Übersicht

Wir wollen das Außergewöhnliche
und übersehen das Gute.

Wir sprechen vom Minderwertigen
und übersehen das Schlichte.

Wir lobpreisen das Heute
und übersehen die Gegenwart.

Wir stehen zu hoch, blicken zu tief,
um richtig übersehen zu können.

Schlupfwinkel strandwärts

Ich lieg versteckt, auf einer Decke. Ein paar Stunden
umraschelt. Plötzlich: Salamanderaugen blinken.
Der Kuckuck stottert, hat wohl seine Frau gefunden.
Zwei Wadenstecher wollen sich mit mir betrinken.

Ein Käfer stolpert, sehr in Eile, hin zum Graben.
Mitunter Leute; jedenfalls, ich höre Stimmen.
Das Pferd: es möchte wieder Zuckerwürfel haben.
Die Wolken wandern westwärts und verschwimmen.

Schau! Der Mond, er liegt in Watte,
eine knappe Stunde schon.
Weil er keine Decke hatte.
Und kein Geld. Und keinen Lohn.

Selbst die Watte sich zu borgen,
hat der Mond sich nicht getraut.
Und er läge wohl mit Sorgen
nur auf seiner dünnen Haut,

hätte nicht ein muntres Mädchen
(aus dem Hause siebenacht)
fröhlich singend, hier im Städtchen,
Morgennebel ihm gebracht.

Good night!

Einsam ein Matrose lenzt
im lecken Boot im Hafen.
Fische, gutbeschwänzt,
verzischen sich und schlafen.
Vater Kabelkran tut's auch,
ratzt elektrisch leise.
Schnecken-Otto ruht am Strauch,
läuft im Traum im Kreise.
Marder Max ist unterwegs.
Ein Schwärmer fledert oben,
sucht verstohlen seinen Schäks.
Wer flüstert da? Mikroben!
Sie sagen, wen sie trafen
tags – die Zahl ist noch begrenzt.
Im lecken Boot im Hafen
einsam ein Matrose lenzt.

Die Zeit

Die Zeit läuft aus dem Ruder.
Wir fallen durch das Netz
und sind nur arme Luder
vorm oberen Gesetz.

Und wenn wir tiefer fallen
und liegen lahm am Grund
mit abgebrochnen Krallen
und festverschlossnem Mund –

ein Stoß in unsre Rippen
wird dann noch nötig sein,
dass endlich aus den Klippen
wir wieder uns befrein.

Wir tauchen auf und laufen.
Die Straßen sind in Sicht.
Mit Mut uns neu zu taufen,
so stehen wir im Licht.

Sonntag

Und wieder Sonntag. Glocken läuten aufgeregt,
reden durcheinander, von dem was sie bewegt.
Die Wolken, grauweiß, schlendern über Bäume hin;
sie haben Zeit, und zeitverloren ist ihr Sinn.

Und zeitverloren meine Bleibe. Ich halte an.
Ich weiß noch nicht, ob ich mich halten kann.
Ich schwanke, am Rande meines Gleichgewichts,
der Wolken vor dem Fenster angesichts.

Niemand hörte

Sie wollte nur gehalten werden,
Traumgestalt in dieser Welt,
sie sprach so gern von Wolkenpferden
und war ein sanfter Gast auf Erden,
magren Wünschen gleichgestellt.

Sie sang die leisen Liebeslieder,
niemand hörte rauen Klang,
die Töne fielen mild hernieder.
Doch schwer von Angst war ihr Gefieder,
als sie in die Tiefe sprang.

Erscheinung der Liebe

Am Tage ist das Feuer unsichtbar.
Doch im Dunkel, in der Stille,
dringt zur Bewegtheit die Nacht.
Es bricht hervor mit Augen,
grau wie Schatten, bricht herein
mit Brauen, sichelgleich:
Gesicht der Liebe, der Sehnsucht und des Hoffens.

Dem Liebenden erscheint das Grau der Augen aber licht,
die Brauen sanft, wie nur Liebe sein kann,
die, befreiend von der Leere sonntäglicher Gedanken,
aufgeht im hellen Gemeinsamen.
Und sie ist nah und verbirgt sich
in jeder zufälligen Begegnung.

Ist die Geliebte nicht Gefährtin nur.
Wegbereiterin ist sie; und auch er ihr Wegbereiter.
Wird am Morgen
sein Blick heißen: Verstehe mich!
Wird ihr Lächeln sagen: Ich verstehe dich.

Nur wenn

Unbeschadet
nehmen wir in Kauf
die Grenzen,
an denen wir
uns stets begegnen,
den trocknen Ort,
ringwärts gezogen
über Wiesen
und Asphalt.
Kein Leben ist
wie unsres:
sachlich, nüchtern, trist.
Nur wenn
im Feuchten
wir uns treffen,
wärmen wir uns gern
und sind
und bleiben
für eine Weile
schön.

Nur wer euch liebt

In eure grünen Augen, abgrundtief,
will ich meinen Blick versenken –
es ist, als ob es aus der Tiefe rief,
Freude, Mut mir neu zu schenken.

Wie seid ihr Katzen königlich,
über allen Plan erhaben.
Ihr seid gleichwohl für mich
beschenkt mit all den guten Gaben,

so kraftvoll, elegant und selten schön
in die Welt hinein gegeben.
Nur wer euch liebt, kann euch verstehn
und euer freies Leben.

Aus dem Notizbuch

Die Wiese, dem Flusse nah gelegen.
Zum Strand hin, den Wegen.
Mein Lauf hierher auf Steinen,
Eisen – dem alten Boot.
Und Tau im Rohr. Und Morgenrot.
Die Welt liegt hier im Reinen.

Vergessen

Vom Sauerampfer auf den Wiesen
die Suppe: hat gekratzt im Hals.
Bis heute hin vergess ich diesen
Geschmack der Kindheit keinesfalls.

Jedoch hab ich schon lang vergessen,
wo Sauerampfer blühend steht,
bin nur im Traum noch unterdessen
ein Kind, das über Wiesen geht.

Frohes Fest, karger Rest

*F*riedensglocken, Zauberklang: Musi*k*
*r*uft verborgne Freude wach. Und d*a*
*o*ffenbart der ganze Schmerz sich di*r*.
*H*eilung deiner Wunden? Selbstbetru*g*!
*E*twas, das du fühlst. Doch andre ni*e* –
*s*ie vergessen deine schmale Spu*r*,
*f*olgen ihrer eignen nur durchs Jah*r*,
*e*insam hoffen sie, bei Gras, bei Schne*e*.
*S*orgen sind verwahrt im Traumverlie*s*.
*T*raurig sterben Schatten, schweben for*t*.

Spaziergang

Die Wiese saugt auf deine Schritte,
und deine Schritte werden leicht.
Siehst die Welt, dich in ihrer Mitte.
Du hast sonst nur den Rand erreicht.

Wälder öffnen sich, und du dringst ein.
Holz streckt sich aus, du weichst zurück
und fühlst dich plötzlich so allein.
Der Wald bleibt leer, ein fremdes Glück.

Da ruft Asphalt, er trägt dich fort.
Der Weg führt hin zur Stadt, zum Licht.
Zwischen Wellen aus Beton, nur dort
ist jemand, der sucht dein Gesicht.

Besuch aus dem All

Nachdem sie den Druck geregelt hatten,
verließen sie das Sternenboot,
standen reglos da im Schatten.
Ringsum Steine, Felsen, grauer Tod.
„Nach Leben wird nicht lang gesucht.
Wers trotzdem tut, ist ein Idiot!"
hat der Kommandant geflucht.
Und sagte noch: „Schaut also hin."

Es blieb kein Mineral, das unverbucht.
Dies war einzig der Gewinn:
die Sammlung dunkler Steine.
(Nun lag sie schon in Kisten drin.)
„Los, Kameraden, ziehn wir Leine!"
sprach der kluge Kommandant,
und schrieb noch den Bericht ins Reine.

Vom Orte, wo er stand,
hob ab der Weltraumkoben.
Aufgewirbelt aus dem Sand
flog ein altes Schild nach oben:
(Richtung Stern der Pferde
schon die Erkunder toben)

Willkommen auf der Erde!

Future-Story

Weshalb er sich gemeldet zu dem Langzeitflug
(immerhin ging's weit über Centauri hinaus),
begriff man nicht sogleich. Er hatte eine Frau,
und würde wenig altern (dank Freezing und Dilatation).

Während auf der Erde all die vergehen würden,
die aus seiner Zeit! Traurige Sache. (Doch hat
man ihn heimlich grinsen gesehn.) Egal. Er kam
zurück. Nach tausenddreiundachtzig Jahren.

Es hatte sich nicht viel verändert. Der Raumflughafen
war der gleiche noch. Kaum, dass er dem Tachyonenschiff
entstiegen, lief eine Dame auf ihn zu und rief: „Mein lieber
Schatz, da bist du endlich wieder. Stell dir nur vor, wir haben

die Sterblichkeit besiegt. Du warst grad weggeflogen."
Entsetzt, nach Fassung ringend (Bleichgesicht) stand er nun da.
Drehte drauf sich um, und lief zurück zu seinem Schiff.
Alarmstart! Weg! Man hat ihn niemals mehr gesehen.

Moment

Trägheit driftet
in die Herzen,
länger wird der Weg
vom Hirn
zur Hand.
Sanftzerteilend
warme Wolken,
schwappt der Abend
übers Land.

Noch

Noch
gehn die Leute,
wenn es dunkelt,
in gewärmte Räume:

Sie haben ein Zuhaus.

Noch
können sie
beim Aufstehn
alle Fenster öffnen:

Es gibt genügend Luft.

Noch
sind Geschichten,
gut geschrieben,
täglich im Gespräch:

Man hört einander zu.

Schon verschwimmt das Licht
über gesilberten Bergen.
Zwar sieht man das Dunkel noch nicht,
doch länger wird sich's nicht verbergen.
Denn sieh doch hin! Das Blau
schimmert nun als mattes Grau.
Der Abendwind ist still und lau,
zärtlicher Atem einer liebenden Frau.
In mir ist ein wenig Trennungsschmerz.
Doch keine Trauer schleicht in mein Herz:
Ich freu mich auf den nächsten Tag
und bin gespannt, was er mir bringen mag.

Geständnis

In mir lärmen die Raketen,
es durchfeuert mich,
meine Gedanken rasende Kometen,
denn – ich denk an dich!

Ach, was könnt ich alles wagen –
was zu tun mir noch verblieb!
Doch dir einmal nur zu sagen,
einmal nur: „Hast du mich lieb?"

Dort, wo unerforschte Höhen ragen –
sie ersteigen wollte ich!
Doch dir einmal nur zu sagen,
einmal nur: „Ich liebe dich!"

Schreibbefund

Betroffen tropfen von den Lippen in die Lücken
stattgehabter Zeit endlos stur im Wortakkord
die Silben, schneller schnorchelt in der Jammerkammer
Grellgebelle bis der Abend nagt
am Tag, rasselnd prasseln Sätze,
ach, ins nasse Salzfass das da steht
leer
auf dem verlassnen Tisch.

Morgen öffnet sich, Junimund, gespitzt. Gelenke
denken streckbewegt. DämmerSauenLeiber
reiben rund den Wolkensaum,
regensielig rotten sie zum Wald.
Blaues Laub, unentschiednes Grüngebräu,
Schwellgewelle Gras, Wasserstelle
Landestrand. Immer schimmert Wärme nach,
wenn
du aus den Spuren gehst.

Gegenhart: WortNotizVerband. Unterdessen raffen hastig Damen
Wäsche von den Leinen. Träger Tag ansonsten,
strümpfelt hin, sucht den Sinn. Strich ins Ich.
Nacktvernackt mit ausgeborgten Fakten:
Bündelware Wort zündet nicht den heimatlosen
Spruch. Randverstand. Zwar klargestellt, zwar
wiederum erneut, zwar dauerhaft. Läuft Achten.
Schwach
entfalten Bittermienen legitimen Bußgesang.

Blinder Schinder Zeit tauscht die Außenwelt
wenig kompatibler Dichter minder wichtig ein.
Ziemlich zahm, Reserverad im Staat.
Thanatokraten. Ums Verrecken nicht bereit,
Eigentod ins Oden-Lob zu weben, leisten sie
übermütig Unterschriften zum übernächsten ungeschriebnen
Buch,
löschen ab mit Asche,

die vom Brande übrig blieb.

Ich will heraustreten

Ich will heraustreten,
wer stemmt sich gegen die Tür?
Spaltweis dräng
ich mich heraus
und stolpere
in hüfthohen Schnee.

Hol die Schaufel!
höre ich vom Flur.

Dann

Die Kinder tauschten gern
den Sommer ein
für einen Flockentag,
dann schnitten
Schlittenkufen sie hinein
ins erste Winterkleid.

Jahreszeiten

Als wir uns um Liebe mühten,
zarte Blicke tauschten,
stand die Welt in Blüten,
Wälder munter rauschten.

Als die Erde sich erwärmte,
die Sonne höher stand,
es in den Lüften lärmte,
strich der Sommer übers Land.

Der Herbst gab buntes Laub,
welke Blätter her,
ging aus auf Lebensraub.
Plötzlich war die Welt so leer.

Und als der Winter kam,
Schneeblumen in den Fenstern hangen,
sind wir ohne Gram
voneinander gegangen.

Alte Ziegelei

Dort stand die Scheune noch.
Die Pumpe war vom Hof geschwunden.
Im Schuppen bellten Hunde,
als ich vorüberging. Das Haus
besaß ein neues Dach.
Gerümpel lag herum. Regen
tropfte Zeit herab. Ich sah
ein umgestülptes Boot.
Das Schilf, geschnitten, wartete
am Strom. Der Stacheldraht war hier,
am Zaun, entfernt. Fenster
blickten matt. Ich ging vorbei.
Ich grub nicht nach rotem Staub.
Ich ging am Fluss entlang,
im Abendlicht, allein.

Mittags

Mit Silber überzogen,
liegt der Fluss in seiner Bahn.
Sonnenhelle Wogen
umspielen den Fischerkahn.
Das Ried sich wiegt,
dem winde folgend,
verbreitet Rauschen
in der trocknen Luft.
Der Fluss selbst scheint zu lauschen,
den Wind zum Tun
auffordernd,
zu fühlen selbst
des Wassers Duft.
Im Widerwind erscheinen
Kopfsteinwellen,
asphaltbeladen.
Sie werden gebrochen beim Vereinen
am Uferstreifen,
sandüberwachsen.

Sonnenuntergang

Das Blau
entschwindet
in düstrem Grunde.
Die Nacht
überwindet
den Tag
zu dieser Stunde.

Im Schrank versteckt
und halb
erstickt,
las ich die Bücher.
Der Taschenlampe
müder Schein
verhieß mir
lichte Ferne.

Stiller Höhlen
Dorngestrüpp
riß blutig
mir die Worte
aus.

Wenn alles schlief,
vertraute ich
der dunklen Erde
unsres Hofs
grabend
meine Verse an.

Motto

Schreibt
bitte
so
Gedichte,
dass man sie bald vergisst –
und
durch sie
nach Jahren
ein anderer
geworden ist.

Zu den Tieren, den zahmen,
zählen Agamen.
Zum Vergleiche:
sie bleiben zeitlebens klein,
setzt man sie hinein
in enge Bereiche.

Sonnenaufgang

Dunkelheit, von Licht umbrandet.
Erster Sonnenstrahl, er strandet
auf unsrem Giebeldach.
Kann sein, auch im nahen Bach.

Nur langsam, jetzt schnell:
das Spiel der Farben, es wird grell.
Gleißend zitternd steigt die Sonne klar
aus der Tiefe einer Frostgefahr.

Report vom Dort

Als wir in die Zeitmaschine stiegen,
flohen wir die Gegenwart,
ließen hinter uns der Neuzeit Lügen.
Richtung Zukunft! Abgekarrt!

Doch was mussten wir dann dort erleben?
Nur Maschinen liefen rum.
Taktvoll sah'n wir sie die Hände heben.
Auf! Und nieder! Völlig stumm!

Schnell herausgestanzt aus Eiweiß-Platten,
Lügen brauchten sie nicht mehr.
Sagt, was wir da noch verloren hatten?
Einstieg! Abfahrt! Wiederkehr!

Dass dies keinem andern so erginge,
setzten wir's Gerät in Brand,
übersprangen selber dann die Klinge.
Zukunft! He! Bleibst unbekannt!

Sieh dort

Du fragst,
ob Regen war?
Es hat geschneit!

Sieh dort:
der Berg ist abgekühlt.
Und hier:
das wird jetzt Schlitterbahn.

Und fällt jemand –
so schlimm?
Das Weinen –
wenig später Lachen:
ist ein Schneeball gewünscht?

Selbst Erwachsene
können es nicht lassen.

Du merkst:
der Tag wird schön.

Die Straßenfegerin hieß Grete,
sie kam aus ihrem Dorf.
Abends hörte sie gern Platten
oder las ein Buch.

Die Straßenfegerin hieß Grete,
ihr Mann war ziemlich taub.
Als die beiden Hochzeit hielten,
stand die Stadt Spalier.

Die Straßenfegerin hieß Grete,
ihre Arbeit nahm sie ernst.
Später trieben Kehrmaschinen
sie zurück ins Dorf.

Wir führen ein
(auch der muss sein!):
den kussfreien
Tag;
nun kann wer mag,
sich nachts erhitzen
und beim Küssen schwitzen.

Es hauste einst am Bauerberg
ein alter aber schlauer Zwerg.
Er war so klug wie keiner kaum,
der klügste Zwerg im Weltenraum.
Er hielt sich eine kleine Maus,
die hatte auch den Bogen raus.
Die Katze, die gern jagen tut,
sie platzte bald vor lauter Wut,
weil es ihr nie gelingen wollt,
zu fangen diesen frechen Bold.
Das Mäuschen lachte leis im Laub,
ging seinerseits auf kühnen Raub,
es huschte in die Kirche rein,
und nagte dort den Teppich fein.
Dem schlauen Zwerge war das recht,
so sparte er am Korn nicht schlecht
und buk an unbekanntem Ort
das Brot, und nahm es fröhlich fort
und trug es hin wie einen Schatz
an den geheim gehaltnen Platz.
Er schmauste, wo er hauste, dann
so wie ein groß gewachsner Mann,
und lud nun auch das Mäuschen ein.
So schlemmten beide ungemein.
Sie wischten sich die Bärte ab,
und sanken müde in das Schapp.
Die kleine Maus, der schlaue Zwerg,
sie lebten froh am Bauerberg.

Es steht auf der Veranda
in einem schönen Topf
die Pflanzenfrau Amanda,
und schüttelt wild den Kopf.

Zuweilen, wenn sie müde,
ganz matt geworden ist,
und kommt die Windsbraut rüde,
verfällt sie auf die List:

sie legt in voller Breite,
nach links und mal nach rechts,
sich schläfrig auf die Seite –
am Tage oder nächts.

Jeden Tag

Ich lauf
durch die Stadt
jeden Tag
und ich seh dabei
was ich mag –
und was ich mag
jeden Tag,
ist ein Mädchen;
sie
weiß es nicht.

Frühe Gedichte

Wunder verborgen
im Dunkel
der Aufschrei umsonst
getragen ins hellere Licht
die Kanten gebrochen
der Trauer
des Augen umlockenden Blicks
verhaltener Freude
Sie kommen die Worte
sind kräftiger bald
zu hören wie Schritte
im neu zu belebenden Land
der Anfang ist immer
das Ende verbirgt
den schönen Gesang
schattengetanzter Tage
des silbernen Seins

Sie waren beide,
schon nach kurzer Zeit,
im Glauben, was geschähe
sei der Vertreib
des jeweils andern
aus dem Rahmen seiner Existenz,
und wäre erst
der eigne Durst gestillt,
so bliebe ungeliebte Schwäche nur
und kein Halt

dem Gegenüber.

An die Natur

Oh Natur, du gabst stets mir Neues
und gibst, wirst immer geben.
Was ich sonst armselig nur vollbracht,
du zeigtest in mir die Vollendung auf.
Ich machte aus dir Dichtung,
immer jedoch bliebst du Wahrheit,
bedeutungsvolle wahre Dichtung.
Von neuem will ich schaffen, so ich dich erkenn.
Es gäbe nichts, das teurer, nichts oh teure
Natur, das mit dir vergleichbar wäre.
Ich bin in deinem blühenden Kranz,
auf dass ich dich schildere, dich lobpreise,
ewiglich, dass du nicht verlorengehst
den Menschen und der Welt
und mir. Du selbst erwähltest mich,
dich mit Worten zu schmücken.
Du bist den Liebenden das Licht,
in die Gesichter sich zu sehen.
Der du den Dichtern bist der Pfad
und Gipfel dann.

Es erklingen wie im Nebel Schritte,
meine Freunde gehen fort,
Jahr für Jahr aus unsrer Mitte.
Immer dunkler wird der Ort.

Kühl ertönen die Gesänge,
heben sich entgegen mir.
Bin allein in meiner Enge,
Worten nur verpflichtet hier.

Langsam neigt sich diese Erde,
spricht von Einsamkeiten bald,
dass verhaltener ich werde
und erkenne die Gewalt:

Stillen Glanz der Büchereien,
der Konzerte strengen Takt.
Und ich lass die andern schreien,
tot sind sie und seltsam nackt.

Ich benenne Weisheit, Trauer,
und erfahre ihren Sinn,
atme sie wie Regenschauer,
geb mich dem Geheimen hin.

Plötzlich tauchen aus dem Dunkel
meiner Freunde Stimmen auf.
Und umgeben von Gefunkel,
steigen wir den Berg hinauf.

Exhibitionisten

Offen
zur Welt
künftiger Wunden:
Dichter
vernarbter Begierde,
enger
am Leben,
enthüllen sich ganz.

Exhibitionisten der Seele.

Danksagung

Sie wünschen weitre Einzelheiten?
Ich sagte alles zu global?
Verwechseln würde ich die Zeiten?
Die Formulierung wäre schal?

Ich würde nicht an Menschen glauben?
Und glauben nicht an einen Gott?
Ich täte Illusionen rauben?
Und überzöge meinen Spott?

Wie kann ich Ihnen dafür danken,
dass Sie mich fragen, Tag um Tag?
Solange Fragen mich umranken,
gelingt's, dass ich noch leben mag.

Am Morgen geschrieben

Die Sonne geht unter,
durch der Äste Geflecht
scheint es golden-rot.

Der Tag stirbt,
das Dunkel schwebt heran.
Im beginnenden Schleier der Nacht

erwachen die Sternenvögel.

Später...

Mit Begeisterung erzählen die Erwachsnen
von ihrer Kinderzeit,
fahren in Gedanken auf der steilen Straße
dreihundert Meter weit,

sehen dann nochmals die große rote Sonne,
die plötzlich lautlos schreit.
Von endlos greller Wärme überfallen,
von ihrer Kinderzeit.

Im verlassnen Schuppen hoben sie die Hände
einander vors Gesicht,
spürten bebend reglos milde Wärmeschauer,
durchs Schuppendach das Licht.

So viel später passen die Erinnerungen
schon nicht mehr ins Gedicht,
halten dann Erwachsne ihre Kinderträume
einander vors Gesicht.

Am Rand

Die Bäume schwangen sacht im Wind,
sie neigten sich dem Wasser zu.
In Wirbeln drehten Blätter sich
zum fahlen Bach im Tanz herab.
Als wäre Herbst, noch ungeklärt
das Leid, und Leben hier genug.
Der Tag verblasste dunkelblau,
die Dämmerstunde war so still.

Geflecht

In Erlenmeyerkolben schwappt ein dunkles Gemisch.
Auf dem Tisch stehen Petrischalen.
Ich sortiere Kanülen, ordne Pipetten auf reinweißem Tuch.
Ein Laborant kommt in die Kammer, bringt bunte Pulver.
Draußen wummert das Preßluftgerät, frisst eine Schneise in das Straßenpflaster.
Wasser fließt nach. Der Laborant steigt in sein Kanu, stechpaddelt im neuen Graben davon,
Wenigstens er ist gerettet; ich stecke zwischen Mauer und Membran, gefangen im Schaum, von Beton umschlossen, von Angst umzwängt.

Ich hocke hinter der Hecke.
Der Wächter fuchtelt mit seinem Krückstock.
Der Blindenhund, dem Alten zur Seite, beschnüffelt meinen Nacken.
Drüben, vor den Blättern, werden Möbel aus dem Haus getragen.
Ich bin, mitsamt einem Schemel, gerade noch entkommen. Und jetzt vermutlich undeutlich nur wahrzunehmen.
Restlos zu verschwinden, ist mir nicht gegeben, den Schmerz hingegen schalte ich aus.
Vergeblich beißt der Hund in mein Bein.

Der Kongreß tagt in der Turnhalle.
Die Sicherheitsvorkehrungen sind getroffen.
Die Garderobieren, zehn an der Zahl, filzen die Delegierten.
Grob wird in Taschen gegriffen. Mäntel und Jacken werden zerknüllt und, verteilt auf drei Räume, in Fächer verfrachtet.
Nun kann, es ist bereits abends, die Tagung beginnen.
Die Delegierten gelangen, durch ein System von Schleifen, in die Halle, jeweils begleitet von umsichtigen Leuten.
Die Plätze werden eingenommen, Lampen flackern an.
Jetzt schließt man die Türen, im inneren Kreis. Das dauert eine gewisse Zeit.
Die Nacht hat begonnen. Wachen sind zu postieren.
Streifengänger bewegen sich unablässig zwischen den Stühlen.
Als der erste Redner, am Pult, das Wort ergreift, öffnet sich das auf Rollen gelagerte Hallendach.
Maschinengewehre, von oben herab, rattern los.

Dies ist das Wohnzimmer, so viel steht fest.
Der Tisch erweist sich als wacklig, als ich ihm die Hände auflege.
Viel hat der Hölzerne nicht zu tragen. Ein Blatt weißes Papier, umlagert von einer Kompanie Kugelschreiber.
Ich drücke, meinen Zweck zu erfüllen, der bunten Bande die Minen heraus, strichle auf dem Blatt.

Ich teste. Welche zu gebrauchen, welche ausgetrocknet, welche leer geschrieben: sind.
Nicht nur das. Ich schraube auch herum, entnehme die Federn, tausche aus, setze verändert zusammen.
So geht das den ganzen bösen langen Tag.
Einsatzbereit. Nicht. Einsatzbereit.
Niemand, der mir etwas sagt.
Einsatzbereit. Nicht.
Dabei hätte ich nur ein einziges Mal zur Seite blicken sollen!
Erst am Abend – eine Träne erschreckt mich – entdecke ich andere Leute.
Sie stehen, halten einander Notizblöcke vor, an den Wänden, im Raum.
Vermutlich seit Stunden beobachten sie mich.
Ich kneife die Augen zusammen.
Ein Mann, eine Frau. Sie stellen mir nun ein Zeugnis aus.
Hat es sie die Zeit nicht gereut, mich leiden zu sehen, tagsüber am Tisch, heraus aus den Ecken mich nüchtern zu betrachten?
Der Mann, der immer behauptet hat, die Ewigkeit sei ein Wimpernschlag; somit wäre es besser, sich trotzdem zu beeilen.
Ich tat es doch, oder?
Die Frau ist erstaunlich mager. Fiel sie denn durch die Zeit?
Der Mann drängt zum Aufbruch, vermutlich will er seine Notizen abliefern.
Dann gibt es ein stummes Zeigen – zur Wanduhr hin, die tackt – und ein langes Schweigen.

Die Koppelschnallen glänzen im hohen Sommerlicht.
Geölte Stiefel knarren.
Kragenspiegel blinken.
Wir werden, gefesselt, in die Mühle getrieben.
Das Verhör. Gebrüllte Fragen, die nicht nach Antwort verlangen.
„Hier im Haus", sage ich, „müsst ihr selbst in Deckung gehen."
Die Uniformierten grinsen. Sie hören mir zu.
„Außerdem", füge ich an, „solltet ihr die Decke erhöhen, sonst baumeln wir schlecht."
„Vielen Dank", wird mir Antwort zuteil, „für den Rat. Wir brauchen ihn nicht."
Man bringt uns hinaus. Niemand spricht.
Die Hinrichtung findet auf dem Wäscheplatz statt.
Ein Oberst zieht die Leinen straff, Ordnung ist ihm heilig.
Die Koppelschnallen glänzen. Sonne spielt zierlich.
Gewehre werden gehoben.
Die Schüsse fallen. Im nächsten Augenblick.

Das Motorrad, schrottreif, schaukelt mich über die Katzenköpfe.
Um das steinalte Gefährt in den Griff zu bekommen, habe ich, es mit Feingefühl zu bedienen, die Schuhe abgestreift, mich der Strümpfe entledigt.
Ich fahre ohne Licht, obwohl die Dämmerung schon Zunge zeigt.

Jemand hebt eine Kelle, lässt mich aber unbehelligt.
Ein Wagen, mit aufgesetzter Rundumleuchte, hechelt durch die Gasse.
Zwei Männer, im Gleichsprung, überwinden eine Stacheldrahtsperre; ich schiebe, ihnen entgegen, mein Motorrad. Sie wollen, als wir uns begegnen, mir wirklich vertrauen.
Einem Barfußläufer, so sagen sie, sei unbedingt zu glauben.
Wir rasten am Draht.
Sie erzählen von einem Haustürschlüssel und erwähnen den Sprengsatz.
Beide wären einander versprochen, bildeten, sinistre Gesellen, verkuppelte Einheit.
Der Schlüsselträger sei noch nicht ermittelt.
Ich sehe vorsichtshalber in meinen Taschen nach.

„Kommt Zeit, kommt Tat", trompetet mein Berater. Er kardätscht mir die Hand, legt den Striegel zur Seite und greift eine Karte.
Lämpchen blitzen stumm, positionieren kommendes Unheil.
Ich hatte mein Leben bislang der Minikimanse, der geringstnötigen Bewegung gewidmet. Fast schon am Ruhepunkt, bereit für die Weihe zur Nullfigur, geriet ich in den Gegensog und sitze nun, ein quirliger Fant, im Zimmer, im Amt.
Der Berater sorgt für Ersatz; sieht er ein Lämpchen flackern, bleibt wenig Zeit die Daten zu übertragen.
„Nehmen Sie das nächste Unterseeboot!" ruft er mir nach.

Ich bin schon hinaus, am Hafen.
An das Sehrohr geklammert, reite ich über die Wellen.
Das Hospital befindet sich auf der Insel.
Ich werde sofort, man weiß hier Bescheid, parallelgerastet.
Der Mann im Nachbarbett ist ins Koma gefallen; seine arbeitstechnischen Daten werden mir eingespeist.
In Kauf wird dabei genommen, dass neben den deutlichen Bildern der Werkstatt – notwendig für die Fingerfertigkeit in meinem neuen Beruf – auch Nebensächliches, Randschatten gleich, übermittelt wird.
So erinnere ich mich an eine Frau und zwei Kinder, die ich doch niemals besaß.
Derweil wurde die Verbindung gekappt.
Ein Herr eilt herbei; ich unterschreibe den Arbeitsvertrag.

Die Massageliegen sind rar geworden.
Es gibt noch einige Masseure – verloren in der Lagerhalle – die sich in die Arbeit teilen.
Ich lauere auf das Kommando, den Hupton.
Hier, zwischen Förderbändern und und zu Pyramiden geschichteten Säcken mit Streusalz, habe ich mich häuslich eingerichtet.
Der Propangaskocher ist nützlich.
Ich trinke Tee, ich löffle Suppe.
Ich warte.

Wann immer, wie jetzt auch, das Signal ertönt, rutscht ein Patient – in diesem Falle eine Dame – aus dem Entlüftungsschacht über ein schräg an die Wand gestelltes Band.

Schon wieder wurde eine Liege aus der Halle entfernt; da behandle ich die Dame gleich auf dem Förderband, massiere den Rücken, beidhändig-aufwärts, paravertebral.

Ich säusele, zusätzlich noch, lustige Worte in ihr Ohr, rede von Phonophorese und Myogelosen.

Zum Lachen gebracht, dreht sie sich nun, zeigt flachen Bauch und rötliches Schamhaar. Sie vermisse, sagt sie, ihr Schlüsselbein. Ob ich es nicht suchen wolle?

Da grellt, während ich mich niederbeuge, ein Befehl durch die Halle.

Ein Wachmann blafft seinen Hund an. Der, nicht einverstanden, kläfft zurück.

Dann werfen sich beide, einig im Sinn, auf mich.

Sie schmelzen, weil sie das Ziel verfehlen, im Salz.

Jemand gibt mir ein Buch.

Darin wird beschrieben, wie der Mensch, in ständigem Trab durch die Tage, die Zeit erfunden hat – sich zur Gesellschaft.

Zugleich wird die Jagd nach einer Handschrift geschildert.

Leute suchen einzeln oder, zweckverbunden, in Gruppen.

Theorien, was auf dem Blatt denn stünde, werden entwickelt.

Nur eine Seite, wird gesagt, umfasse der Text.
Welche wittern letzte Erkenntnis, andere die Enträtselung vergangener Taten; allen soll, wird behauptet, die Hndschrift etwas bedeuten.
Kämpfe werden geführt um das Blatt.
Von dem keiner weiß, ob es je existiert hat.
Die Kämpfer werden besungen, ganze Bibliotheken sind mit den Schilderungen der Schlachten gefüllt.
Denkmäler werden erbaut, aus deren Gestein, wenn es nach Jahrtausenden zerfallen ist, wieder neue Denkmäler, neueren Helden gewidmet, errichtet werden.
Schließlich, so steht es im Buch, ist kaum jemand übrig, der weiß, was Denkmäler sind.
Rasch wird noch ein hübsches Inferno angefügt, Blüten werden vom Feuer verzehrt.
Der letzte Lumpenhund auf Erden, von dem nicht zu sagen ist, ob er als Mensch durchgehen kann, findet im glasierten Sand einen ausgeblichenen Wisch. Darauf steht, wonach man so lange suchte, ein einziges Wort.

Wir schwitzen, liegen in den Kissen, die Frau und ich, in zerknüllten Betten.
Außerdem ist früher Morgen, die Vorhänge wimmeln das Licht ab.
Schönes Wetter war, vor der Nacht.
Ein Frischling von Sturm scheuerte sich am Haus.

Die Wärme, schlussendlich, wurde im Raum gestaut.
Wir taumelten an unsere Körper.
Wir froren; wäre wütender Winter, könnte Kälte nicht grimmiger sein.
Während wir schliefen, voll angekleidet, kam die Hitze zu uns. Über den Tag hinaus, die Sonne, blendend als Erinnerung.
Wir hätten sie, die gelbgoldene, nicht gleich, nach dem Abend, abschreiben sollen.
Bereits im Sturm, im stämmigen Wind war sie verborgen, im Gewitter danach erst recht, und noch in der Nacht.
Wir drehten, im eisigen Irrtum befangen, sogar die Heizung auf, bevor wir froren.
Nun allerdings, die Sachen kleben am Leibe, zerren wir uns aus.
Ein Lächeln schwebt durch den Raum, verfängt sich in den Netzen – welche, verwebt mit Zimmerstaub, in den Ecken trauben.

Auf schmalem Pfad den Berg hinunter.
Der Weg, eine Schlangenzunge, gabelt sich.
Rechts, mauerumfriedet, der Park. Bäume werfen schwarze Schatten.
Links, auf dem Trottoir, flanieren Damen in Miniröcken.
An Fahnenmasten flattern verwaschene Jeans.
Jemand sieht traurig zu mir herüber; ich habe zum Trösten jetzt keine Zeit, muss voran ohne mich umzudrehen.
Ein anderer ist erschienen, der mit mir geht.

Ein Fernfahrer steuert seinen gewaltigen Lastzug uns entgegen und wendet, im Straßenschotter, abrupt.

Ins Cockpit zu steigen, erweist sich als schwierig für mich.

Ich verliere den Halt unter den Füßen, schwinge, am Türgriff verkrallt, her und hin.

Der Fahrer bemerkt es nicht, er hat nur mit dem anderen gerechnet – der nun bequem neben ihm sitzt.

Nach einer Weile gewöhne ich mich, pendle geschickter die Kurven aus.

Der Fahrer bremst, ich springe ab.

Da ist auch wieder mein Gefährte, er lächelt sanft.

Ein Ort. Die ersten Häuser sind zugleich die letzten.

Neben uns hält ein Jeep, wir springen hinein; da sitzen schon fünf oder sechs.

Fröhlich werden Hände gedrückt, wird auf Schultern geklopft.

Die Welt, nach oben gewölbt, schillert farbig.

Ein Bergkegel sprüht bunte Splitter aufs Land.

Wir fahren, wir halten; wir nehmen staunend, mit allen Sinnen, die herrlichen Bilder wahr.

Indessen werden die farbigen Flächen, Streifen und Keile quadratisch verwandelt. Riesenhafte Kisten, Pakete und Würfel, aus denen – über den Himmel verteilt – kolossale Spielzeugtiere fallen.

Der Mann am Steuer hat auch mit Finanzen zu tun.

Ich sage ihm, ich hoffte, die Tiere würden nicht manifest.

Da passiert es schon!

Sobald sie landen, dort auf der Wiese, sind sie sofort lebendig, eilen in großen Sprüngen voran.
Der Motor rasselt ein wenig, der Wagen rührt sich nicht von der Stelle.
Die Horde prescht. Elefanten, Brontosaurier, Löwen.
Das Nashorn, einige Meter vor den übrigen Rennern, weicht aus; wir loben es dafür.
Eine Hyäne, turmhoch, setzt über den Wagen, landet prasselnd im nahen Wäldchen.
Ein Megalotherium schnappt, mit ihm zu spielen, den Fahrer; der zappelt dem Tier nun im Maul.
Gut möglich, dass er noch lebt.

Ich bin mit der Wand verfeindet.
Sie trennt mich vom nächsten Zimmer, wo eine Frau auf mich wartet, die uns einen Tee aufbrühen will.
Ich nehme die Spitzhacke zur Hand, schlage eine Bresche.
Neben dem mittleren Pfeiler.
Bereits nach wenigen Hieben steige ich über steinerne Brocken.
Der Staub legt sich; ich stehe im Flur.
Weitere Wände. Zum Glück auch Türen.
Wohin sie führen, ist nicht zu sagen. Ich kann sie, keine wird verschlossen sein, der Reihe nach öffnen.
Von fern eine Stimme.

Das Flurlicht verlischt, ich tappe im Dunkeln, ertaste Klinken.
Hinter dieser Tür scheint das Bad zu sein.
Ich stoße, im schmalen Raum, an die Wannenkante; nun schmerzt mein Knie.
Lichtlose Dauer. Keine Stimme.
Nur der Spülkasten rauscht, weil die Spartaste klemmt.
Jetzt fließt Wasser über die Fliesen.

Die Schlucht, vom Schnee umschanzt, liegt hinter dem Hügel.
Schlittenspuren.
Der gestrige Tag ist noch zu sehen.
Nebel knistert.
Wir gehen den Pfad entlang. Der andere hat seinen Hund dabei, er lässt ihn von der Leine. Hier draußen, zu so früher Stunde, kann das Tier keinem etwas tun.
Winterspröde Zweige hängen tief. Wir sind schon im Wald, brechen handliches Holz von den Bäumen.
Der trollende Hund rollt sich im Schnee.
Wir werfen, dass er sie wiederbringt – der andere muss erst pfeifen – die Knüppel nach vorn. Der Hund springt um die Steine.
Die aber tragen, obwohl sie keine Grabsteine sind, eingravierte Zahlen.
Aus einer Kuhle, vom Unterholz her, löst sich ein Reh.
In kurzen Sprüngen setzt es den Hang hinauf.

Bevor es die Schlucht verlassen und über das Feld entkommen kann, wird es vom Hund zu Boden gerissen.
Der andere pfeift erneut.
Die Beute wird apportiert, auf unsere Tiefe gezerrt; wir warten am Steg.
Ein Bretterweg führt, auf Stelzen gestellt, durch die Binsen auf den Fluss.
Der andere zückt ein Taschenmesser und schneidet am Reh.
Der Hund verschlingt das Gekröse.
Wir stoßen ein Loch in das Eis, am Ende vom Steg, über den Rand gebeugt. Das Wasser ist hier ausreichend tief.
Ich entnehme der Versammlung der Steine – sie sind im Kreis gelagert – den kleinsten. Wer von denen, die im kommenden Sommer spazieren gehen werden, wird ihn vermissen? Ich denke, keiner.
Der andere, während ich den Stein noch rolle, zieht eine Schnur aus der Manteltasche.
Er hat immer alles dabei.
Wir verknüpfen das Reh mit dem Stein. Beide sinken zum Grund.
Das Loch, da können wir sicher sein, schließt sich bald.

Jemand hat, an der Tafel, allen Formeln die Gleichheitszeichen entfernt.
Dann fiel ihm ein, sich selbst zu negieren.
Er verschwand.
Ich bin der Einzige, der von ihm weiß; für die anderen existierte er nie.
Sie sehen, nach wie vor, die korrekten Formeln.

Der Satz des Pythagoras bleibt ihnen erhalten, egal ob die Tafel zugeklappt, egal ob sie entfaltet wird.
Der Verschwundene, jahrelang war er, in allen möglichen Räumen, an unserer Seite.
Wenn ich mich recht erinnere.
Es kann aber auch sein, dass ich da etwas verwechsle, ich lese vielleicht vom falschen Blatt.
Im Übrigen: Eine Tafel hat es nie gegeben.

Die Botschaft wird lautlos übermittelt.
Suche die Tür, dahinter die Stufen beginnen!
Im Flur stehen Gummistiefel. Ungeduldig steige ich hinein.
Die Socken sind verrutscht, die Stiefel eine Nummer zu klein.
Die Zehen gekrümmt; ein unbequemes Gehen.
Aus der Wand schälen sich die Umrisse der verborgenen Tür.
Öffne sie, bring Hilfe!
Dem, der dort unten gefangen in riesigem Raum.
Ich bewege mich im Treppengewendel, schließlich inmitten der enormen Halle. Rotes Licht glüht rings, zentriert sich dann.
Ein Opferaltar, feuerfarben, umzäunt mit eisernen Staketen.
Dahinter wird's dunkel.
Finsternis frisst die vermutete Weite.
Entscheidend ist, was hier vorn passiert.

Der junge Mann – ich kam doch, ihn zu befreien – liegt gefesselt, bewacht von einem vierschrötigen Kerl.

Ein anderer, drahtiger Bursche, springt in das rot glänzende Geviert, stellt sich zum Kampf.

Es gibt nur die drei und mich.

Ich halte eine Eisenstange, gut körperlang, in den Händen, dränge meinen Gegner zurück – der taumelt über die Absperrung, stürzt auf den glühenden Altar.

Vergeblich bemüht er sich, schmerzgepeinigt, wieder aufzustehen.

Seine Haut ist mit dem Untergrund, dem glosenden Boden, verbacken.

Nun verlässt der große Kerl den Jungen.

Ein weiterer Widerpart für mich; mit bloßen Fäusten erwarte ich ihn.

Ich war um einiges zurückgewichen, weg vom flammenden Rot, weniger erschrocken von meiner Tat – den Schmalen einem grauenhaften Schicksal ausgeliefert zu haben – als von den Schreien meines Opfers.

Der Große aber, höhnisch lachend, fängt meine Schläge ab, leichthin mit seinen Handinnenflächen.

Aus dem Augenwinkel nehme ich wahr, dass mein erster Gegner – den ich schon verloren wähnte – sich aufgerappelt hat.

Rechts – es gelingt mir, den Kopf dorthin zu drehen – ist immer noch der Junge. Still. Er hatte nie ein Wort gesagt.

Hohl im Raum klingt eine Stimme: „Wir müssen das Tier, das in uns lebt, besiegen."

Rötlicher Staub liegt über dem Land.
Die Sonne rollt vor mir her, streut brüchige Splitter. Ihr Licht.
Die Ziegelei, hinter dem Wäldchen versteckt, ist aufgegeben.
Die Schuppen sind ins Edreich gesunken.
Rostiges Gerümpel. Irgendwelche Maschinen.
Ein Signalmast in der Nähe des Wassers, am Fluss.
Stacheldraht, sinnlos, auf dem lückenhaften Zaun.
Noch steht das Haupthaus. Zerschlagene Scheiben; das Dach fehlt zur Hälfte.
Überall Unrat. Scherbengeknister.
Vorsichtig setze ich Fuß vor Fuß.
Im spinnwebigen Winkel, inmitten zerbrochener uralter Teile, steht eine Kommode. Verquollen und schief.
Ich kann daraus etwas retten, bewahren vor dem Verfall; ich fülle, weiß nicht was, in meine Jackentaschen.
Ich eile hinaus, befremdet vom Klang meiner Schritte.
Vorbei an einem Trafo-Häuschen. Seltsames Summen!
Ich passiere einen Kreuzweg. Eine Pfütze muss ich umgehen.
Seitwärts die Autobahnbrücke, von Pfeilern gestützt.
Ich stehe auf der unteren Straße, zücke den Füllfederhalter.
Der zerbröckelt.
An einer Parkbank lehnt eine Schaufel. Sie gehört zum Gartengerät, in den Keller; ich bin dort.
Nebenan sind andere Keller, daraus Stimmen dringen.

„Und immer", sagt jemand; „ist es der", sagt ein Zweiter; „neunte November", spricht ein Dritter.
Ich schäle eine Pampelmuse.
Ich will hinaus, die anderen befragen – da schmilzt mir das Obst in der Hand.

Der Vorhang, gelb, dämpft den helllichten Tag.
Zugezogen auf ewig, bietet der störrische Stoff kaum eine Chance für die eifrige Sonne, die draußen regiert.
Zudem sind – das natürliche Licht soweit wie möglich auszuschließen – Rollläden, verknüpft mit Bändern, vor dem Fenster angebracht.
Im Raum, der als Wohnstube dient, erzeugen Deckenleuchten künstlichen Schein.
Hingegen in der Küche – der Weg dorthin führt über den Flur – hängt vor dem Fensterkreuz nur eine Gardine.
Ich schaue hinaus.
Ein Kran rollt vorbei, nimmt Kurs auf das halbfertige Nachbarhaus; der dreistöckige Bau wird wieder abgerissen.
Das passiert Tag für Tag; lediglich der Kranführer wechselt.
Angeödet wende ich mich ab.
Im Zimmer – ich gehe zurück – steht ein Kinderbett, hübsch ausstaffiert.
Ich beuge mich hinab, begrüße den Kleinen.
Sein Kopf ist so groß, den wird er allein nicht anheben können.

Der Junge öffnet die Augen; er schlief.
Ich nehme ihn auf den Arm, stütze dabei, die Hand an seinem Hals, den Kopf.
Dass der bloß nicht nach hinten pendelt.
Dass ich nur nicht noch stolpere mit dem Kind.

Körniger Sand mit kleinen Steinen.
Der Weg führt zu Gärten und Lauben. Schrittplatten, in gerader Linie, hinter der Pforte.
Ich schließe das Gartentor, bin schon am Häuschen, öffne die Verandatür.
Die Laube: Stein und Stahl, bruchfestes Glas. Ein solider Bau.
Nur die Tür, die ich nun schließe, fällt aus dem Bild.
Sie ist notdürftig mit hölzernen Haspen bestückt.
In einem Korbstuhl, an der Schwelle zum eigentlichen Raum, sitzt eine alte Frau.
Ich verbeuge mich und deute skeptisch auf die hölzernen Haken.
Die Frau aber lächelt und zeigt zur Flinte, die auf dem Boden liegt.
Ich reiße das Gewehr hoch.
Nicht zu früh. Schon zersplittert, unter dem Anprall wild drängender Körper, die Tür. Schon, auf klackenden Pfoten, stürmen blindwütig Tiere herein.
Ich habe das Gewehr, ich drücke ab; es löst sich kein Schuss.
Die Frau, zu der ich nun sehe, sagt nichts.
Die Tiere stehen still.

Griechische Buchstaben stehen an der Tafel.
Sigma, Tau und Lambda.
Werkstoffkunde.
Kreidestaub schwebt.
Ich sitze in der Nähe eines Fensters.
Und bin schon auf der Straße, unterwegs zur Kantine.
Ich verlasse das Werftgelände, stolpere – Schlagloch ist hier mit Schlagloch verbunden – durch das Neubauviertel.
Gegenüber, auf der anderen Straßenseite, ragt unermesslich eine Mauer.
Ich nehme sie wahr, sie stört mich nicht.
Im Geschäft – ich will eine Glühlampe kaufen – sind Regale, hoch bis zur Decke.
Heimwerkerbedarf.
Unschlüssig, den Einkaufskorb schwingend, gehe ich immer weiter, folge dem Gang der sich endlos verwinkelt.
Rostiges Wasser tropft von den Wänden.
Ein Gabelstapler manövriert auf mich zu; ich muss beiseite springen.
Der Fahrer grinst.
Ich steige durch die Mauer, in neblige Kälte.

Eine Kuppel, spantenverstärkt, überwölbt die Halle weit oben.
Unten werden riesige, metallene Teile mittels achträdriger Lader zueinander gebracht.
Hydraulik sorgt für sicheres Sinken der Platten. Jene sind, am Kantenstoß, vorsorglich beschliffen, abgeschrägt, sodass beim Schweißen – schon sprühen die Funken – die Spannung, der Verzug der starren Materie, gemindert wird.
Ich drücke mich, dicht an der Wand, am Geschehen vorbei.
Gewärtig, sobald man mich sieht, in die Arbeit eingebunden zu werden.
Aber das will ich tunlichst vermeiden.
Die Schweißer – mein Pass, fällt mir ein, ist längst nicht mehr gültig – ziehen im Wechsel die Nähte, mal oben mal unten.
Zwischendurch immer wieder wird mit Pickhämmern Schlacke geklopft.
Ich habe die Treppe erreicht; der Fahrstuhl ist gleich daneben.
Ich will, vom Treppengeschoß aus, in die vierte Etage, und drücke den entsprechenden Knopf. Er blinkt und verlischt.
Eine Fehlfunktion.
Die Tür geht auf. Drei Leute drängen in den Lift; einer drückt den Knopf für das zehnte Stockwerk.
Das Licht bleibt beständig, der Aufzug rast los.
Ich werde nachher, es wird andere nicht geben, versuchen, vom zehnten Stock in den vierten zu gelangen.
Der gläserne Fahrstuhl jagt, am Gebäude außen, die Fassade empor, langt nach ewiger Zeit endlich an.

Dass ich in einem Zimmer bin, weiß ich. Dielenbretter bilden den Boden.
Ein Kater, übermütig, schlägt Purzelbäume – er freut sich, mich wieder zu sehen; ich bin froh, weil wir uns begegnen.
Blass, im Hintergrund, ein Schemen. Manchmal wischt es durch den Raum.
Ich meine, einen jungen Mann zu erkennen.
An der Zimmerwand, auf weißem Grund, eine Abfolge von Dias, bezeugend die Zucht gefährlicher Tiere: Kreuzung aus Käfer und Spinne; deren geringster Biss, ritzte er nur die Haut, wäre tödlich.
Der Schattenmann soll mir helfen, die Tiere zu jagen.
Schon erledigt er, mit gezieltem Hammerschlag, die erste Käferspinne.
Ein zweites Giftgetier erscheint.
Mein Fuß – ich trage Stiefel – schwebt über dem Mutanten.
Der Spinnenkäfer stellt sich tot.
Mein Mitgefühl siegt.

Keine Pfeiler; die Konstruktion ist freitragend.
Ich zittere meinen Blick nach oben.
Allein dies strengt mich bereits an: Ich schwitze.
Die Feilbänke in Reih und Glied. Die aufgeklappten Werkzeugkästen neben den Schraubstöcken.
Polierte Spindeln.
Eine Frau, vom Schlossertrupp, trabt an.

Ich soll ihr den Schwabbel, das seltsame Gerät, erklären.
„Das sind", sage ich, „nur Lappen, zusammengesteppt."
Der Meister kriecht vorbei; er will mir neue Arbeit geben.
Einen Stechzirkel brauche ich, habe an der Werkzeugausgabe Pech.
Keine Marken, nirgends in meinen Taschen.
„Da kann ich Ihnen nur", spricht die Dame am Schalter, „einen Nussknacker geben."
Sie schenkt mir noch zwei Walnüsse, schließt dann das Fenster mit knallendem Hall.
„Das geht auch ohne", denke ich laut, nehme die Nüsse, umfasse sie, mache die Faust, versuche durch Druck, die eine Nuss mit der anderen zu sprengen. Aber ich muss erst meine zweite Hand um die erste legen, zwecks besseren Drucks.
Nun gelingt's.
Ich verstreue die Splitter und trete sie fest.
Ein alter Herr schlurft heran; gebeugt, spindeldürr, mit Glatze.
Sein Einkaufskorb ist leer.
„Onkel, ich wusste gar nicht, dass du noch lebst."
Stur geht der Alte vorüber, sieht mich nicht an, dreht sich nicht um.

Felder, furchengefugt, randen an Wege.
Sandig berührt, lockende Ackerzunge, der Steinstaub die teilenden Pfade –

sie führen, im trockenen Wind, vorbei an weiß gekalkten Mauern.
Die Häuser, dazwischengesetzt, wirken wie Breschen.
Türen und Tore sind verschlossen.
Ich muss zum Dienst. Die Sonne steht hoch am Himmel.
„Wir hätten sonst", sagt jemand, „noch länger warten müssen."
Ich suche den Haustürschlüssel.
Die Arbeitskollegen – zwei Männer in Stallmontur – sind ungeduldig, rollen auf Motorrädern hin und her.
Ich suche den Schlüssel, muss noch mal ins Haus. Fehlen mir doch meine Sachen.
Ich könnte wohl nackt durch die Landschaft marschieren – wen würde es stören? Ich mag aber nicht.
Die Kollegen fahren davon, direkt in die gleißende Sonne.
Ich bleibe zurück, bin mit wenigen Schritten an der Hustür, ich klopfe an.
Ich warte und warte.
Die Tür öffnet sich, kein Schlüssel wurde gedreht.
Ein Herr mustert mich mürrisch. Ergeben, voll Demut, betrete ich die Veranda.
In der Ecke steht, dreibeinig, ein Tisch.
Der strenge Herr – wir verlieren keine Wort – breitet eine Karte aus, legt kleine Gewichte darauf, beschwert die Zeichnung, den technischen Riss.
Ich bin ganz beflissen, stelle mich klug.
Als hätte ich das Kartenkonstrukt längst begriffen.
Der Herr, ein Architekt aus Schweden, bricht das Schweigen, neigt sich

mir zu, zeigt zum Blattrand.
Ich sehe die Linien, zittrig gezeichnet, die sich überschneiden: Wellen, gezackt.

Das Katzenkopfpflaster der Altstadt.
Die Straße, hin zur brüchigen Mauer. Das Haus mit dem engen Flur.
Ein Lämpchen, trübselig schirmlos.
Das Zimmer, voll mit alten angestoßenen Möbeln.
Der Tisch, der Schrank, das Bett. Ich bin allein.
Ich erinnere mich nicht, die Stubentür geöffnet zu haben; so bin ich schon immer im Raum gewesen?
Ein schwacher Schein, vom Flur her, sickert in das Zimmer.
Die Tür steht spaltbreit offen.
Ich blicke nach links – dort befinden sich die Fenster; gegenüber, im größeren Haus, stampfen Maschinen.
Das Fensterkreuz zerfließt. Ich stehe auf der Straße.
Sonne, in den Himmel gerissen, verzeiht keinen emporgerichteten Blick; die Strafe ist Blindheit.
Ich beschatte die Augen, neige den Kopf, trete vom Bordstein.
Da bringt man ein Kind, trägt es herbei.
Blut an seiner Schläfe.
Wie ich es trösten will, und auf den Arm nun nehme, wird es kleiner und kleiner, vom Kleinkind zum Säugling.

Die Wunde bleibt, ein blutiges Zeichen.
Ich streiche darüber, bin wohl zu derb; ich spüre den Schmerz, in plötzlicher Welle, vom Kind zu mir geleitet und dann auch den Blick des Kindes, vorwurfsvoll, und nur noch den Blick, bevor das Kind verschwindet.

Wir transportieren, über längere Strecke, ein handkoffergroßes Gerät.
Beim Anheben schon – metallischer Glanz spielt um die Kanten – tun wir uns schwer am kompakten Aggregat.
Welchem Zweck es dienen soll – und welchem Zwecke wir – ist nicht erkennbar, spielt keine Rolle.
Der andere Mann, hoch aufgeschossen, montiert einen Rollenuntersatz; die Auflagefläche bietet auch uns genug Platz.
Das Lenken, mittels einer Deichsel, gelingt. Die Gegend ist abschüssig und kurvenreich. Der andere steuert, ich sitze daneben.
Die vorletzte Kurve. Das Ziel schon erahnt. Nicht einsehbar die letzte Biegung.
Der Rollwagenlenker sagt: „Du merkst die Zwischensteigung."
Das erscheint mir verdächtig; ich springe ab.
Nachdem ich das Gerät verlassen habe, verwandelt sich der Wagenlenker, wird eine Puppe, starr und stumm.
Ein winziges Schnipsen, voran durch die Zeit; jemand stellt eine Frage – die ich vergesse, während sie ausgesprochen wird.

Der Bus fährt geradewegs in einen Tunnel.
Die Beleuchtung, automatisch gezündet, hellt das Innere auf.
Fahler Schein gleitet über die Polster.
Wir sitzen, ausgeliefert der Wandlung, im Abteil, in einem Zug.
Pfeiler spreizen sich zur Brücke. Der Wagen stürzt von den Schienen.
Während wir fallen, stehe ich an der Reling und schaue vom Schiff.
Mild bewegte Wellen reflektieren, zitternd, die Sonne.
Das Schiff wird zum Zug. Der Zug wird zum Bus.
Ich sehe, die mit mir waren, die Leute erneut.
Wir verlassen den Tunnel, halten vor einem Hotel, suchen sofort die Zimmer auf. Schräg über den Flur: meine Unterkunft.
Die Warnung der anderen, mir zugedacht, berührt meinen Rücken.
Bedrohlich, das weiß ich, sind immer die Türen; ich trete ins Zimmer.
Ich habe leise zu sein. Den schlafenden Burschen, der seit ewigen Zeiten im Federbett ruht, darf ich nicht wecken.
Auf dem Bezug liegen kleine Schachteln, Pillen und Kapseln.
Ich will sie entfernen, greife achtsam.
Trotz aller Vorsicht fallen die Pillen, rollen über die Dielenbretter.
Ein ungeschlachter Typ, der Fremde, schält sich aus dem Bett.
Er hebt mich am Schlafittchen empor, lässt mich fallen und will den Raum verlassen.
Die Klinke schon in der Hand, dreht er sich kurz um, grinst sardonisch und sagt: „Es macht übrigens nichts aus, wenn man nichts anhat."

Die Frau wohnt im oberen Stockwerk.
Sie beugt sich über das Geländer und ruft mir zu: „Sie haben sich den Rücken versengt."
Ich danke für die Auskunft.
Die Frau zieht sich zurück; eine Tür klappt ins Schloss.
Ich entledige mich meines Hemdes. Der Fleck, großflächig, bedeckt dunkel den Stoff; die Fasern sind verschmurgelt.
Meine Haut blieb unversehrt.
Zum Glück schwimmt draußen der Sommer um die Neubaublöcke!
Unterwegs, wohl wegen der Hitze, sind keine Leute zu sehen.
Außer vor dem Haus, zu dem ich nun gehe – da wird kräftig gemauert.
Ein Kipper bringt Mörtel; statt aber zu halten, startet er durch.
Man borgt mir ein Hochrad, ich nehme die Verfolgung auf.
Während der Fahrt murmele ich ansteigende Zahlen – nur so ist es möglich voranzukommen.
Zwei, vier, sechzehn, vierundsechzig.
Eine Straßenwelle kippt mich vom Rad; wer bleibt, frage ich, dem Laster jetzt auf den Fersen.

Drei Stiegen hinab, auf hartem Beton.
Zwischen Fahrradkammer und Trockenraum steht eine Batterie Trommelwaschmaschinen.
Ein alberner Kerl mit Schiebermütze sitzt auf dem Hocker.

Er schaltet bei einer Maschine den Schleudergang ein.
Nun schurrt er zur nächsten, schaltet dort den Schleudergang aus, schlurft weiter, schaltet ein, schaltet aus.
Der letzten Maschine versetzt er einen Tritt, wirft den Hocker zur Seite, keckert ein Lachen, greift in die Jackentasche, findet darin einen Schlüssel.
Den wirft er mir zu. Ich verfehle.
Der Kerl – die Lattentür schwingt noch – ist auf und davon.
Ich hebe den Schlüssel auf.
Mein Name ist eingraviert.

Ein Zimmer mit knarrenden Dielenbrettern.
Zwei Herren, hemdsärmelig, sitzen am Tisch, wischen zwischen Bierfilzen Karten von der Platte.
Sie streiten sich nie, um keinen Stich.
Einer raucht Pfeife.
Das Deckenlicht knausert; die Spieler haben den Tisch unter die Lampe gerückt. So können sie – anders als ich, der ich die Wände betrachte – das anfangs unscheinbare Loch im Kalk nicht sehen.
Der Schlupf genügt einer huschenden Maus, wird aber bald, in Dehnung begriffen, zum Portal.
Dahinter ein Gang, den zu erkunden mir widerstrebt.
Weiß ich doch um den Drachen dort. Das schuppige Wesen, noch gebannt in die Steine, wird sich aus ihnen lösen, geht jemand hinein.

Ich teile den beiden am Tisch meine Beobachtung mit.
Sie winken nur ab.
Dabei müssten sie, selbst bei schwächerem Licht, unbedingt sehen, grad so wie ich, dass drüben, gleich neben dem Tor, sich die Zimmerwand wölbt.
Ich warte nicht länger auf den Durchbruch.
Draußen plakaten die Leute, transparenten im Zug. Sie verschwinden in einem Trümmerfeld, zu dem die Straße führt.
Die Richtung, in die sie gingen, war ohnehin nicht meine gewesen.
Ein Mann, in mittlerem Alter, schiebt einen Kinderwagen über die Wiese.
Nebenher sammelt er Bläter ein. Die sind vom Wind her getrieben.
Ich gehe weiter; der Mann verharrt.
In der Vorstadt gibt es noch heile Häuser.
Auf ihren Dächern: Leuchtturmkuppen.
Lichtkegel winken herab.

Aus goldgerahmten Gemälden blicken Perückenherrscher.
Gütig-hochmütig.
Zu ihren Füßen sind Windspiele gelagert.
Der Saal, prunkvoll ausgestattet, bietet weitere Beweise vergangener Macht und Pracht: Säulen aus edlem Gestein, fein ziselierte Friese, Kamine, gigantische Lüster.
Es reicht aber – wie es eben geschieht – ein gesprochener Satz, dass alles vergeht: „Die nächste Stunde entfällt."

Die Sessel, rot umkordelt, sind wacklige Stühle, die kristallenen Leuchter nur Lampen mit billigen Schirmen, die farbigen Bilder schwarzweiß.
Wir eilen hinaus. Die Straße ist schottrig, gewellt.
Seitlich haben sich Bäume in den Boden verkrallt.
Ich weiß die Namen nicht. Sind's Buchen, Kastanien, Linden, Platanen?
Sie tragen weder Blatt noch Frucht.
Kurz vor der Kreuzung wird die Straße ausgebessert, liegt Sand aufgeschüttet. In den Haufen stecken Schaufeln, die nun herumgereicht werden.
Niemand, der sich entschließt zu beginnen.
Ein Hügel buckelt den Weg.
Im trommelnden Lauf will ich ihn überwinden.
Hinter mir steigen gemächlich die anderen hinan, lassen den Abstand nicht kleiner werden.
Eine alte Frau schiebt ihr Rad, überholt mich mühelos.
Derweil ich schwitze und jage und renne.

Seitwärts fahle Felder.
Der Zug, in dem ich sitze, windet sich hindurch.
Die Bäume, hier sind es krüpplige Kiefern, berühren fast die Abteilfenster.
Dann wieder tauchen, regelmäßig wie Kilometersteine, Bahnwärterhäuschen auf.
Gärten. Ginsterbüsche wurzeln. Bedornte Zweige.

Knallende Geräusche von dort.
Der Zug hingegen fährt leise, gleitet vorbei an eisgrauen Straßen, die einsam und flach – weit und breit ist kein Auto zu sehen – dem Bahndamm nahe kommen.
Spröde Gegend ringsum.
Vereinzelt Lärchen, mit flächiger Krone und zugleich hinabgeduckt, im trockenen Licht.
Für eine Weile sind, beim Blick aus dem Fenster, nur Grassoden, wachsend auf geilen Stellen, auszumachen. Sie sprenkeln ein wenig Grün in das grobe Grau.
Der Zug, nie schnell gewesen, bremst ab.
Gleich neben der Station, auf einem Fußballplatz, befinden sich, in Dreierreihe geordnet, Schulbänke. Die Pulte sind leer.
Leute – von links und von rechts über den Rasen – treten zu mir, sitzen bald, in die Stühle geklemmt, unentwegt redend, an meiner Seite.
Sie berichten, woran genau sie sterben werden.
Einige, mit blasser Haut und spitzen Wangenknochen, sind schon nicht mehr am Leben.
Die Tafel, aufgeklappt, steht dreibeingestützt vor den Bänken.
Eine Frau schreibt mit dunkler Kreide, setzt Buchstaben untereinander.
Das werden, ich kann's nur vermuten, die Kürzel der Anwesenden sein.
In rascher Folge fügt die Frau den Buchstaben senkrechte Striche hinzu.
In unterschiedlicher Menge.
Bei manchen, wie es aussieht, möchte sie, wenn's ginge, noch über den Rand hinaus.

Andere Buchstaben werden knapper bedacht.
Bislang kann ich mein eigenes Kürzel nicht an der Tafel entdecken.
Mag sein, es ist woanders eingekratzt.
Ich untersuche die Pulte.

Im Hausflur hüpft übermütig ein kleiner Hund.
Er springt die Stufen hinauf und hinunter, verheddert sich – jetzt fällt er fast – in der Leine.
Ein Mann, die Schlaufe in der Hand, pfeift unablässig, seine Angst zu besiegen.
Der Hund wird ihm nicht helfen können. Ist er doch jung und möchte nur spielen; der Mann mit der Leine ist alt und krank.
Ich gehe vorüber, die Treppe hinab.
Das Hündchen kläfft. Der Alte fummelt am Briefkasten, holt eine Zeitung herau, wirft sie auf den Stapel, der sich neben ihm türmt.
Bis knapp zur Decke reicht das Papier; nun hat er noch Angst – bei allen anderen Ängsten, die ihn umwittern – die Zeitung zu lesen!
Ich lasse die Haustür dem Alten – falls er doch einmal mutiger wird – einen Spaltbreit offen und trete, schon draußen, ins Licht.

Küche und Wohnzimmer haben sich zusammengetan.
Einträchtig stehen Kühlschrank und Kleiderspind nebeneinander.

Gleich in der Nähe, freundliche Nachbarn, Geschirrkasten und Vertiko.
Außerdem, Seite an Seite, befinden sich zwei Betten im Raum.
Sonnenlicht, zärtlich, flicht Muster – Ornamente, verspielt, auf dem Boden.
Eine Frau, unter dünnwollener Decke, liegt im Bett nebenan.
Ich liege, sehr allein, in dem meinen.
Ich wage es nicht, sie herüberzubitten, bin feige, kann nur die Hände falten.
Mir bleibt nichts übrig als eine Geschichte.
Ich erzähle vom „fahrenden Schüler und dem Paradeis".
Aber das Mittelalter bewegt sie nicht, zaubert kein Lächeln herbei.
Auf dem Tisch, noch während ich rede, erscheinen, bunt verpackt, Geschenke – die könnte sie nun, wie leicht fiele das, fiele ihr Blick darauf, bequem den Schachteln entnehmen.
Schleifen sind zu lösen, Papier ist abzuwickeln, nützliche Dinge sind zu finden.
Sähe sie nur zum Tisch!
Das Fenster öffnet sich, eine Katze springt in das Zimmer, quert gemächlich den Raum.
Auf dem Tisch liegt nur eine Karte; ich lese die Nachricht:
„Vierzehn Uhr!
Egal, welcher Tag."

Zwischen Wiese und Wald winde ich mich, am Boden gehalten von meiner Angst.

Gefahr wächst aus dem Unbekannten. Bedrohlich, nicht zu erklären.

Mein Bewegen ist benennbar: Armgepaddel, Trockengeschwimme, Sandgerutsche.

Zuschauer ahne ich ringsum; denen möchte ich Ermutigung bringen, noch in meiner ausweglosen Lage.

Mein widriger Zustand lässt besser erkennen, in welcher Gefahr sie leben.

(Und ich erniedrige mich gern, hilft das den anderen.)

Das Grauen bricht bestürzend, ein schmutziger Nebel, herein.

Wir sollten stets wach sein, unseren Schwächen begegnen, gewappnet mit Hoffnung.

Wenn das immer ginge!

Ich bin ein starker Mann, ich bin ein schmächtiger Junge.

Eine Frau ist links, ist rechts an meiner Seite.

Sirenengeheul kommt näher, von dort.

Stahlhelme; fremde Symbole sind aufgedruckt.

Feuer flackern. Panzer rollen.

Aber die Frau!

Ich habe meine Hände auf ihre, die wunderbar warm sind, gelegt und berühre dort auch die Finger des Jungen.

Die Vernichtung hält inne; das schreckliche Dröhnen verlischt.

Im geräumigen Fond eines Autos.
Getönte Scheiben.
Wir sitzen bequem. Landschaft gleitet vorüber.
Das Lenkrad dreht sich. Wir kommen voran.
Mein Reisegefährte ist mir unbekannt.
Er hat ein Äffchen auf seinen Knien. Das schneidet nicht etwa possierliche Fratzen, nein, es versucht sich in Bonmots, will geistreich sein.
Jetzt sagt es: „Wo dreie nicht sind, ist einer zuviel."
So redet das Äffchen; sein Herrchen ist heftig am Schweigen, auch ich sage nichts.
Wir sitzen nun vorn. Vergeblich! Das Tier folgt uns nach, plaudert weiter.
„An den Kühen erkennt ihr die Welt", spricht es, und lässt sich zu einem Kommentar herbei: „Der bleibt nur Melker im Sommer."
Unbestimmt, wer gemeint ist.
Des Äffchens Pfote zuckt, während es deutet, hin und her.
Ich öffne die Tür, springe hinaus, froh, entkommen zu sein.
Ein Mann schippt Splitt, glättet die Straße.
Ein anderer karrt Müll.
Ein dritter streicht eine Parkbank an.
Stadtarbeiter.
Wir legen eine Strecke Weges gemeinsam zurück.

Der Gang ist schmal.
Wollen zwei aneinander vorbei, müssen sie die Ellbogen eng am Körper halten. Sonst kann's passieren, einer schrammt den anderen.
Linkerhand sind Kabinen, in denen Lemwasserwickel angelegt, Fangopackungen verabreicht werden.
Die Patienten liegen still und selbstvergessen, bis der Wecker rasselt.
Rechts befinden sich die kleinen Massageräume, die jeweils nur Platz für eine Liege, einen Hocker und den Weg drumherum bilden.
Die Kabinen sind voll belegt, in den Massagebuchten sind immer zwei Patienten auf eine Liege gedrängt.
Vor den Türen warten noch andere.
Ich zähle die Kabinen. Nach der achten endet der Gang, wird zur Wand.
Meine Hand greift die Klinke. Ein Anbau reicht tief in den Raum.
Hier sitzen die Damen von der Disposition, sie erstellen, den Blick auf Computer gerichtet, Patientenpläne.
Lautsprecher säumen die Wände. Musik, krachend, erklingt.
Ich flüchte entrüstet, ramme an einen Bordstein, und bin – wie schnell wird es Abend! – vor dem Kino.
Grelle Plakate. Irgendein Film.
Im Vorraum – ich gehe hinein – haben sich vier Therapeuten auf Bänke gestreckt.
Ich halte die Karten, ich rüttle an Schultern und rufe dabei. „He, kommt mit, ihr Engfacharbeiter!"
Alle sind wach; wir lachen über den Witz.

Bilder an Wänden beweisen die weitesten Sprünge.
Herab von Schanzen, aus oberster Luke.
Andere Fotos zeigen Huckel und Hügel, alte Backen, moderne Konstruktionen. Oder die Haltung der Arme beim Sprung. Seitwärts vom Körper; nach vorn geführt; nach hinten.
Diagramme. Tabellen. Schautafeln. Dokumente.
Verteilt über den Raum.
Wer wie weit flog. Wer am häufigsten stürzte.
Medaillenhamster. Trainingsweltmeister.
Die Ausstellung schließt.
Jemand spricht mich an. Wir stehen auf der Straße, memorieren die Stützmuskulatur des Halses. Ursprung und Ansatz und Innervation.
Ich sage: „Platysma".
Der andere winkt ungeduldig ab, spricht rasch auf mich ein. Es sei, schon vor Jahren, eine Untersuchung, muskelspeziell, durchgeführt worden.
„Dreitausend Opfer, harmlose Tiere!", ereifert er sich.
Aber – er mäßigt seinen Zorn – das sei auch sehr nützlich gewesen.
Der Erkenntnisse wegen. Zur Muskulatur im Nackenbereich.
„Und im Gesicht!", sagt er noch und zeigt den genauen Verlauf eines neu entdeckten Muskels. Mit beiden Händen fährt er, von der Stirn her, an den äußeren Augenwinkeln entlang bis zum Kinn.
Stufen. Wir steigen eine Treppe hinauf. Musik klingt uns entgegen.
Im Vestibül, während ich den Mantel ablege, verspüre ich ein Jucken unterm Hemd, auf der Haut.

Ich reiße mir das Hemd vom Leib; ein Käfer, blau schimmernd, fällt vor meine Füße.
„Bring dich in Sicherheit!", rufe ich ihm zu. Er krabbelt zur Wand, verschwindet in einer Spalte.
Im Raum nebenan, deutlich zu hören, ist eine Feier imgange.
Gesang.
Ich singe mit; glasklar ist meine Stimme. Mit Leichtigkeit gleite ich durch Oktaven, Terzen und Quinten.
Was muss ich denn Noten kennen!
Die Leute verstummen. Ich singe.

Eine Frau – ich bin unbeteiligt – rührt Milch ein.
Für die Kälber im Stall nebenan.
Sie gießt aus zwei Kannen Milch in eine dritte. Und lässt mich allein.
Im Futterhaus, vor weiß gekalkten Wänden.
Nichts geht hier glatt vonstatten.
Einen Schrothaufen gilt es, zur Mitte hin, aufzuschippen.
Ich greife zur Schaufel, atme Staub, bin in der Klinik, ein müder Praktikant.
Die Labordame bringt Kleinzeug. Geräte, die zu sterilisieren sind.
Wir haben dafür einen speziellen Waschautomaten, gleich neben dem Medikamentenvernebler.
Die kleinen Teile, auf den runden Tisch geschüttet, rollen an den Rand; die wulstige Kante verhindert das Fallen.

Nichts geht hier glatt.
Schalen aus nicht rostendem Blech liegen in der Mitte, gehören zu Heringsköpfmaschinen.
Werkbänke tauchen auf. Aus der Galvanik kommt ein Schlosser, trägt ein matt glänzendes Metallstück, spannt es in den Schraubstock, greift zur Feile, rundet die Kanten.
Meine Aufgabe: den massiven Brocken auf Hochglanz bringen, am rotierenden Nesselfilz.
Die rote Poliermasse werde ich brauchen; ich ziehe die Schleifscheibe ab.

Die Tür fällt abermals ins Schloss.
Was geschah, ist vergessen.
Unterwegs zu anderen Räumen, habe ich wieder Türen zu öffnen, zu schließen, weite Wege zu absolvieren, und bleibe doch immer im selben Haus.
Ich werde das Geschehen erst verstehen können, wenn ich im Schubfach, in einem der Räume, die Nachricht, pergamenten redende Rolle, gefunden habe.
Weil's klingelt, in diesem Moment, verschieb ich die Suche.
Ich sollte noch warten, sage ich mir, und habe den Flur mit zwei Schritten durchmessen, stehe an der gläsernen Tür, sehe auf anderer Seite zwei Frauen.
Mehrmals das Klingeln.

Die Tür bleibt für die Frauen massives Holz, nicht zu durchschauen; sie sehen mich nicht. Nach kurzem Beraten bringen sie einen Zettel an.
Den zu lesen, müsste ich die Tür öffnen.
Ich sollte noch warten.
Die Fauen verlassen das Haus; gleichzeitig ist der Zettel verschwunden.
Ich öffne die Tür, erreiche die Straße.
Jahrmarktsbuden. Karussellgeratter.
Ein flacher Schuppen. Ich schwinge hinauf.
Es geht ein schwacher Wind. Blätter liegen, bedruckte Zettel, auf pappfarbenem Dach. Rot und schwarz, in wirrem Wechsel, sind die Lettern; auf jedem Blatt ein Wahlprogramm.
Gerechtigkeit wird reklamiert, einträchtig, eintönig von Parteien.
Leute flanieren. Zwei Mädchen gehen untergehakt, sehen nach oben.
Zu mir.
Ernst bleibt das eine; das andere lacht.
„Was machst du denn dort?"
„Nur ein paar Übungen", antworte ich und halte, halb vom Schuppen herunter, mit einer Hand noch oben fest.
Ich absolviere drei oder vier einarmige Klimmzüge, springe dann ab.
Ein drittes Mädchen, das weder lacht noch weint, fragt nach dem Zimmer.
Ich hebe die Hand.
„Ich weiß es nicht."

Die Melker schultern die Schrotsäcke, eilen den Futtergang entlang.
Nebenher richten sie mahnende Worte an mich.
Einer, gut voran mit dem Maulwerk, weist mit knöcherner Fingerkralle zur Wand, an die gelehnt ich stehe.
Ich kann den Stall verlassen. Doch draußen lauern die Leute der Futterbrigade, geben Befehle und rühren keine Hand.
Die Geräteträger, mit aufgesetzten Schilden, klappern, ferngelenkt, fröhlich den Dung zu den Misthaufen hin.
Eine Frau von dreißig Jahren redet zu mir, in ernsthaftem Ton: „Hast du auch den Pferden gegeben?"
„Aber klar", lüge ich – und streusele den zwei Gäulen, sie stehen im Stall separat, etwas Schrot in die Krippe.
Ich entledige mich meiner Stiefel, habe Straßenschuhe an, laufe durch die Stadt.
Ein Häusergebiss mit Lücken.
Der Plan zur schrittweisen Umgestaltung ist einem Bretterzaun aufgeklebt; mehr als die bedeutende Überschrift vermag ich nicht zu lesen – die Zeilen darunter sind sehr klein.
Hätte wer Zeit, mit der Lupe zu prüfen?
Ich wechsele die Straßenseite.
Gegenüber von der Sparkasse, werden kostenlos Zeitungen verteilt.
Im Haus daneben – ich gehe hinein – sind längliche Tische zum Karree gestellt. Drumherum verläuft ein Graben, überbrückt an einigen Punkten von niedergelegten Stühlen.

Dutzende Gäste, geladen zur Feier.
Eine Frau teilt lösliches Pulver aus: Kaffee.
Ich helfe ihr, schütte das Zeug auf die Tische.
Schon ist, sagt wer, Mitternacht.
Kellner traben an, bringen den Wein in Piccolo-Flaschen.
Sie kommen und gehen.

Immer diese ausgefallenen Wünsche, die der Vater hat!
Am Essen mäkelt er herum – als geriete ihm, was er da schlingt, in den falschen Hals.
Mutter gab sich doch Mühe. Die Kartoffeln zergehen im Munde wie Mehl, raspeln nur leicht am Gaumen.
Der alte Herr – sein Schnurrbart zittert – wird wütend.
Er will Zwiebeln, ich soll sie ihm auf die Kartoffeln schneiden.
Er lässt mir noch Zeit, verlässt für Minuten den Raum.
Ich schäle die Zwiebeln, sie werden zu Eis.
Ich nehme den Teller, er klirrt.
Der Vater kommt wieder, er sucht meine Hand.
Ich bin der Mensch des neuen Jahrtausends – wer mich berührt, erfriert.

Ich schleiche ins Haus, quere die Zimmer, gelange in eine Kammer.
Ein Stück Mauerwerk ist herausgerissen, mit Brettern ausgekleidet worden.

So entstand dieser Raum.
Darin ich nur eine Truhe finde, deren Deckel klafft.
Bücher und Hefte hole ich heraus.
Stockfleckige Seiten, brüchige Einbände, eingerissene Blätter.
In einem Buch ist die Widmung von einer zweiten verdeckt, beide sind nicht zu entziffern.
Lediglich ein Datum – doch nur die Monatsangabe – doch nur die Jahreszahl – ist zu erkennen – ist jetzt nicht mehr sichtbar.
In der Nachbarstube wird Licht angeknipst, eine Dame zetert, ich bin entdeckt.
Ein Fragebogen wird mir entgegengehalten.
„Ich erwarte korrekte Antworten." Die Dame spricht.
Zuvor aber müssen – sie zückt einen Stift – bestimmte Bedingungen erfüllt sein.
„Tragen Sie gestreifte Strümpfe?"
Ja, habe ich an.
„Niederknien. Mit den Händen die Fersen berühren!"
Ich mache das.
Endlich die Fragen. Zur Person. Zur Familie.

Ich drehe den Kaltwasserhahn auf.
Überall ist es kalt. Zu kalt. Ich friere, in alte Sachen gehüllt.
Im Kachelofen nur Asche, nichts glimmt.

Die Röhre, als ich sie öffne, enthält Lebensmittel.
Die haben sich im Kalten gut gehalten; jetzt müssen sie aus ihrem Lager heraus.
Nämlich darunter, bereift, liegt ein Brief, gesandt schon vor Jahren, gerichtet an mich.
Ich hauche ihn an, ich schlitze ihn auf.
Zeilen und Zahlen, sie sagen mir nichts, sie fallen vom Blatt.
Gefrorene Worte. Aufschlag am Boden. Gedämpfter Schall.
Ich hole das Fahrrad aus dem Schuppen; eine Hand am Lenker, führe ich es hinaus.
Die Tür, notdürftig zusammengenagelt, klappt hin und her.
Katzenkopfpflaster.
Ein Herr in Zivil fährt vorbei – langsam, sodass er nun anhalten kann.
Er sitzt in einem Cabrio.
„Du hast doch ein Auto", ruft er mir zu.
Ich habe ein Auto.
„Pack das Rad da doch rein!" Der Herr grüßt und startet.
Ich bin am Probieren, sitze am Steuer, bewege Hebel, drücke auf Tasten.
Das Auto springt nicht an.
Nur die Tretkurbel, zu meinen Füßen, lässt sich bedienen.
Die Räder rollen. Das Lenken fällt leicht.
Ich wechsle zur rechten Fahrspur hinüber, bald abzubiegen, vorn ist die Kreuzung.
Fahrzeuge kommen entgegen, schneiden meinen Weg.

Ich rutsche, in voller Fahrt, zwischen zwei Lastern durch, bin in der mittleren Spur, eingeklemmt wieder.
Rechts keine Lücke, in die, das Lenkrad verreißend, ich preschen könnte.
Ich quere die Kreuzung, fahre geradeaus. Dann biege ich ab, irgendwann.
Ein steiler Landweg, rechts daneben ein zweiter.
Ich nehme den ersten in Angriff.
Das Auto schlenkert durch Pfützen. Keine Bodenhaftung.
Ich strample mich ab.
Den nächsten Hügel werde ich nicht erreichen.

Fliesen bilden Wände.
Kacheln, weißgefugt, umlauern meinen Blick.
Ich stehe, als Wartender, auf einem Gang, mit anderen, gleichermaßen lauernden Leuten, die mir bekannt sind.
An den Wochentagen sind wir in den selben Räumen – ich könnte, hineingerissen in Erinnerung, die Namen nennen, einen jeden begrüßen, nicht aber ermuntern.
Die Anspannung, grob gerastert, hat auch mich ergriffen, der Korridor bietet genügend Raum, die Schritte umeinander zu lenken.
Wir gehen auf rutschfestem Boden.
Türen sind den Wänden eingelagert. Dahinter Geräusche: Wasser fließt in die Wannen.
Zwei Männer, eine Frau; wir warten.

Der Oberarzt wird die Prüfung abnehmen, er winkt uns heran.
Eigentlich meint er nur die Frau.
Minutenlang, als wäre dies schon die Prüfung, blickt er in ihre Augen.
Ich will etwas sagen, will protestieren, bekomme kein Wort heraus.
Als der Prüfer, nach langer Zeit, sich mir zuwendet, ist die Frau –
aufgesogen von seinen Blicken – verschwunden.
Die Wände sind kahl, ohne Türen.

Ich bin zugegen.
Unbewegt.
Nach all diesen Tagen will ich still sein, reglos verharren.
Bis bald.
Was lohnt mein Geschwätz, dumm und krumm im Kreis; immer so:
Am Anfang sind die Buchstaben, aus den Buchstaben werden Worte, aus den Worten Sätze und Bilder, aus den Bildern und Sätzen fallen die Worte, die Worte zerfallen zu Buchstaben.
Immer so.
Die Worte zerfallen, es gibt keine Bilder.
Ich will still sein, noch bleiben, unbewegt.
Was lohnt mein Geschwätz, reglos und fraglos, es regt keinen auf, niemand fragt.
Die Tage, krumm im Kreis und kalt.
Ich bin zugegen, abseits der Bilder.
Mir gelten sie nicht.

Inhaltsverzeichnis

Kahnfahrt [1969]	4
Lebenslauf	6
Die Frau gegenüber	7
Spuk [1969]	8
Was Kirchendogmen anbelangt	10
Trampelpfad	11
Religionsunterricht	12
Logisch	13
Abstand	14
Kassandra	15
Sterbend leben [1969]	16
Postskriptum	17
Zärtlicher Weg	18
Martins Mantel	19
Federndes All	20
Barbaratag	21
Andreastag	22
Toccata und Fuge d-moll	23
Februar	24
Ungesungen	25
Wir	26
Magisches Auge	27
Trennung [1969]	28
Was einem nach einem Monat ABM einfallen kann	29
Später mal	30
Kleinigkeiten [1969]	31
Neue Verse zum alten Tanz	32
Zu den Gedichten der Sibylla Schwarz	45

Kleine Ermunterung	46
Die weiße Gefahr	47
Handauflegen	48
Müde	49
Anklang	50
Lürisch	51
Hingesprochen	52
Blitze [1969]	57
Gedichte!	58
Löst die Asche	59
Übersicht	60
Schlupfwinkel strandwärts	61
Schau!	62
Good night!	63
Die Zeit	64
Sonntag	65
Niemand hörte	66
Erscheinung der Liebe [1969]	67
Nur wenn	68
Nur wer euch liebt [1969]	69
Aus dem Notizbuch [1969]	70
Vergessen	71
Frohes Fest, karger Rest	72
Spaziergang	73
Besuch aus dem All	74
Future-Story	75
Moment	76
Noch	77
Schon verschwimmt das Licht [1969]	78

Geständnis [1969]	79
Schreibbefund	80
Ich will heraustreten [1969]	82
Dann [1969]	83
Jahreszeiten [1969]	84
Alte Ziegelei	85
Mittags [1969]	86
Sonnenuntergang [1969]	87
Im Schrank versteckt	88
Motto	89
Zu den Tieren, den zahmen	90
Sonnenaufgang [1969]	91
Report vom Dort	92
Sieh dort [1969]	93
Die Straßenfegerin hieß Grete	94
Wir führen ein	95
Es hauste einst am Bauerberg	96
Es steht auf der Veranda	97
Jeden Tag [1969]	98
Frühe Gedichte	99
Sie waren beide	100
An die Natur [1969]	101
Es erklingen wie im Nebel Schritte	102
Exhibitionisten	103
Danksagung	104
Am Morgen geschrieben [1967]	105
Später...	106
Am Rand	107
Geflecht	108